PLANEN | GESTALTEN | PFLEGEN

DER NATURGARTEN

PLANEN | GESTALTEN | PFLEGEN

DER NATUR

GARTEN

TEXT Alexandra Rigos **FOTOS** Jürgen Becker und Marianne Majerus

INHALT

WAS IST EIN NATURGARTEN?

Natur und Garten, so hört man oft, das sei doch ein Widerspruch: Ein Garten könne gar nicht natürlich sein, da Menschen ihn angelegt haben und pflegen. Folglich ergebe der Begriff Naturgarten keinen Sinn. Wer die Natur auf seinem Grund schalten und walten lasse, warnen Skeptiker, werde nicht mit einem Öko-Paradies belohnt, sondern mit einem Dickicht aus Brennnesseln und Brombeerranken. Ein echter Gärtner befinde sich deshalb permanent im Kampf gegen die gesichtslose, alles verschlingende Macht des Organischen. Mit Verlaub: Das ist Unsinn.

Schließen Sie einmal die Augen und denken Sie an Natur. Was für eine Szenerie sehen Sie vor sich? Den meisten Menschen fällt vermutlich eine typische mitteleuropäische Parklandschaft ein: Ein Bach plätschert durch einen Wiesengrund, dahinter steigt sanft ein Hügelrücken an, den ein Wäldchen krönt. Es ist ein Anblick wie aus einem niederländischen Landschaftsgemälde, wunderbar harmonisch und beruhigend.

Vielleicht denken Sie aber auch an einen Wald, dessen Bäume aufragen wie die Pfeiler einer Kathedrale.

FOTOGRAFIE Philippe Perdereau **ORT** Le Jardin Plume, Auzouville-sur-Ry (Frankreich)

FOTOGRAFIE Jürgen Becker GARTEN Peter Janke ORT Hilden (Deutschland)

Riesen-Federgras (Stipa gigantea), Brandkraut (Phlomis russeliana), Königskerzen (Verbascum bombyciferum) und Woll-Ziest (Stachys byzantina) vertragen Trockenheit und eignen sich daher gut für Kiesbeete mit dem Flair einer Steppe. Obwohl sie in der Natur nicht gemeinsam vorkommen, wirkt die Pflanzung stimmig.

Eher wenige Menschen dürften das Wort „Natur" spontan mit kargen Berggipfeln oder einem sturmgepeitschten Meeresstrand assoziieren, denn unser Naturverständnis ist durch und durch von der Kulturlandschaft geprägt. Weder die idyllische Parklandschaft noch der erhabene Forst sind Natur im Sinne von Wildnis: Sie beide verdanken ihre Form und ihre Existenz dem menschlichen Eingreifen. Und das gilt für praktisch alle Landschaftstypen Mitteleuropas, seien es die Almwiesen der Alpen oder die Heide in Norddeutschland.

Wenn wir von Natur reden, meinen wir also in der Regel keine Wildnis. Wirklich unbeeinflusste Natur existiert auf diesem Planeten kaum noch. Selbst in Arktis und Antarktis haben Schadstoffe und Treibhauseffekt das Ökosystem bereits nachhaltig verändert. Beim Begriff „Natur" denken wir vielmehr an eine Landschaft, die nicht unter Asphalt begraben ist. An einen vielfältigen Lebensraum, in dem es zwitschert, quakt und summt. An Bäume, deren Laub im Wind raschelt, und Felder, deren Halme hin und her wogen. Nicht zuletzt an ein Panorama, das unsere ästhetischen Ansprüche befriedigt. Anders gesagt: Wir meinen einen großen, schönen, verwunschenen Garten.

Und genau diesen Zauber können wir uns in unsere eigenen, kleinen Gärten holen. Selbst wenn wir nur über eine Rasenfläche mit ein paar Sträuchern verfügen: Die Natur ist schon da, in Gestalt der Amsel vielleicht, die in der Hecke nistet, oder der Hummeln, die den blühenden Rhododendron besuchen. Wir müssen ihr bloß mehr Raum geben, sich zu entfalten. Dieses Buch möchte Ihnen zeigen, wie das geht – und Sie ermutigen, diesen Schritt zu tun.

Es gibt drei wichtige Gründe, die dafür sprechen. Zunächst einmal ein ökologischer: Wer mehr Natur im Garten zulässt, trägt zum Schutz der biologischen Vielfalt bei. Zwar fällt der Anteil der Gärten an der Landesfläche mit schätzungsweise zweieinhalb Prozent eher gering aus, doch kommt ihnen eine überproportionale Bedeutung für den Naturschutz zu.

Schließlich sind die Raps- und Maiswüsten, die heute die Agrarlandschaft prägen, ungefähr so artenreich wie Parkplätze. Lebensräume voller Strukturen wie Hecken, Tümpel oder Baumgruppen wurden zerstört. Ganze Landstriche ertrinken in stickstoffreicher Gülle, die nur noch konkurrenzstarke Pflanzen wie Brennnessel und Springkraut wachsen lässt.

Ökologische Bestandsaufnahmen zeigen, dass Städte mit ihren Gärten, Parks und Brachflächen heute um ein Vielfaches mehr Tier- und Pflanzenarten beherbergen als das ausgeräumte Agrarland. Gerade Naturgärten können viel dazu beitragen, der verdrängten Fauna Asyl zu bieten. Wie Forscher dokumentiert haben, müssen Gärten überhaupt nicht groß sein, um Hunderten verschiedener Arten Quartier zu geben. Und welcher Gärtner wäre nicht entzückt, wenn er in einem feuchten, schattigen Winkel eine Kröte entdeckt oder wenn im Herbst die Stieglitze akrobatengleich auf den Fruchtständen der Karde schaukeln?

Für viele Menschen ist eine Wiese voller Margeriten der Inbegriff einer Naturlandschaft. Paradoxerweise konnte sie an den meisten Standorten erst entstehen, nachdem der Mensch die Wälder dort abholzte. Bleibt eine Wiese ohne regelmäßige Mahd oder Beweidung, kehrt der Wald zurück.

Umso wichtiger sind solche Erlebnisse für Kinder, vor allem für Stadtkinder, denen oft die elementarsten Kenntnisse über Tiere, Bäume und Kräuter fehlen. Wie aber soll ein Mensch, der nie den Unterschied zwischen einer Margerite und einem Gänseblümchen bemerkt hat, die Erhaltung der Artenvielfalt für ein bedeutsames Anliegen halten?

Ein zweites Argument für mehr Natur im Garten ist deshalb, dass er Kindern einen Erlebnisraum bietet, wo sie spielerisch ökologisches Wissen erwerben können. Schließlich ist es aufregender als jeder Tierfilm, live den Zweikampf zwischen einer Kreuzspinne und einer Wespe, die sich im Netz verfangen hat, zu beobachten. Überdies regt ein Naturgarten Kinder an, den Blick auf Details zu richten und ihre Sinne zu schulen: Wie viele Punkte hat der Marienkäfer? Wie riecht die Melisse, wenn man ihre Blätter zerreibt? Schmeckt das Wegerichblatt? Für meine Kinder übrigens war es die vielleicht erstaunlichste Gartenerfahrung, dass man viele (Un-)Kräuter, die einfach so von selbst wachsen, tatsächlich essen kann.

Aber auch Erwachsenen bietet ein naturnah gestalteter Garten viel mehr Anregungen für die Sinne als eine Standardparzelle mit Rasen und Abstandsgrün. Das ist das dritte Argument für den Naturgarten: Er gleicht einen emotionalen und ästhetischen Mangel aus, unter dem viele Zeitgenossen leiden. Der Erfolg einer ganzen Schwemme von Magazinen über das Landleben zeigt, wie sehr sich deren Leser nach Natur, Wiesen voll summender Bienen und Torte aus selbst gepflückten Äpfeln sehnen.

Mit der Realität im „ländlichen Raum" von heute haben diese romantischen Vorstellungen wenig zu tun. Ein Naturgarten jedoch kann die Sehnsucht nach dem anderen Leben zumindest teilweise befriedigen: Er bringt uns wieder in Kontakt zu den Jahreszeiten, er bietet uns Monat für Monat ein Schauspiel, das wir zwar beeinflussen, aber nicht gänzlich kontrollieren können. Deshalb überrascht er uns immer wieder. Und er befriedigt unser Bedürfnis nach Schönheit und Harmonie.

Dass ein Naturgarten ein ästhetischer Genuss sein kann, mag mancher bezweifeln. So, wie viele Menschen beim Stichwort Bio-Kost noch immer an schrumpelige Äpfel und bei Öko-Mode an sackartige Leinengewänder denken, halten sich auch über Naturgärten allerlei Klischees: ungepflegte Beete, unscheinbare Pflanzen, reichlich Brennnesseln.

Mein Anliegen ist es, zu beweisen, dass ein Garten sowohl naturnah als auch auf hohem ästhetischem Niveau gestaltet sein kann. Dass er sowohl Lebensraum für Krabbel- und Kriechtiere bietet als auch unser eigenes Leben bereichert. Und ich möchte Ihnen Anregungen geben, wie Sie Naturlandschaften, die in Ihnen etwas zum Klingen gebracht haben, in Ihren Garten holen können. Denn mit dem Gartenteich alias „Biotop" sind die gestalterischen Möglichkeiten längst nicht ausgereizt.

Eigentlich ist diese Einsicht gar nicht so neu, geriet jedoch ein wenig in Vergessenheit. Unser Bild vom Naturgarten ist noch immer stark von der Öko-Welle der 70er- und 80er-Jahre geprägt. Damals wandten sich

FOTOGRAFIE Marianne Majerus **GARTENDESIGN** Nigel Dunnett **ORT** The Olympic Park, London (England)

FOTOGRAFIE Volker Michael **GARTENDESIGN** Ineke Greve **ORT** „Huys de Dohm“, Heerlen (Niederlande)

Im Frühjahr, bevor sich das Blätterdach schließt, schmückt sich der Boden eines Waldgartens mit niedrigen Blütenstauden und Zwiebelblühern. Hier weben Lerchensporn (Corydalis), Schneeglanz (Chionodoxa) und gelbe Osterglocken einen bunten Teppich um den kleinen Waldteich.

engagierte Naturfreunde gegen die Rasen-Koniferen-Tristesse, wie sie in den 50er- und 60er-Jahren in Mode gekommen war. Die „Ökos" schimpften über exotische Gewächse und überzüchtete Pflanzen. Stattdessen propagierten sie Biotope, Wildblumen und einheimische Gehölze. Leider schreckte der etwas dogmatische Ansatz viele Menschen ab, die sich vordringlich an einem schönen Garten erfreuen wollten. Aus dieser Zeit stammt das etwas verzopfte Image des Naturgartens.

Der naturnahe Garten war jedoch keine Erfindung der Umweltbewegung. Schon viel früher hatte es Phasen gegeben, als Idealisten sich gegen eine als künstlich und leblos empfundene Gartenkultur wendeten und mehr Natürlichkeit forderten. Dahinter standen freilich keine ökologischen, sondern philosophisch-ästhetische Motive. So entstand der klassische englische Landschaftspark als Gegenbild zum strengen Barockgarten, dem Sinnbild der menschlichen Kontrolle über die Natur.

Später, als im viktorianischen England formale Blumenteppiche und Glashäuser voller subtropischer Raritäten en vogue waren, veröffentlichte der Autor William Robinson sein Plädoyer „The Wild Garden". Robinsons Ideen über natürlich wirkende Pflanzungen aus dem Jahr 1870 haben noch heute Gültigkeit und spiegeln sich in der Arbeit zeitgenössischer Gartengestalter wie Jinny Blom, Dan Pearson oder Piet Oudolf wider.

Oudolf ist der wohl bekannteste Protagonist des „New Perennial Movement", das für natürlich wirkende Gartenbilder aus mehrjährigen Stauden steht. Auch diese Bewegung ist mehr von ästhetischen als von ökologischen Erwägungen geleitet. Mit einigen Großprojekten im öffentlichen Raum, zum Beispiel der New Yorker High Line, einer in einen Park umgewandelten ehemaligen Hochbahntrasse, setzte Oudolf Standards für einen zeitgemäßen Bepflanzungsstil.

Mein Garten-Ideal greift diese unterschiedlichen gestalterischen Konzepte auf und versucht, sie mit den Wünschen der Naturschützer in Einklang zu bringen. Das Ziel ist ein umweltfreundlicher, artenreicher, vielfältiger Garten, in dem eine Spezies aber klar Vorrang genießt: der Mensch. Denn ein Garten, dessen Besitzer sich in ihm nicht wohl fühlen, ist ein trauriger Garten.

Wenn ich also in diesem Buch konsequent von „Naturgarten" rede, so meine ich damit weder eine strikt mit einheimischen Gewächsen bepflanzte Wildnis noch eine Ästhetik der Natürlichkeit, die ökologische Erwägungen ausblendet. Mir geht es um beides, Ökologie und Schönheit, und ich bin überzeugt, beides kann sich im Garten auf das Wundervollste ergänzen.

Ich selbst genieße das Privileg, das Experiment Naturgarten in zwei verschiedenen und recht extremen Situationen erproben zu können. Mein erster Garten, nur 130 Quadratmeter groß, liegt in einem Berliner Hinterhof und ist von 20 Meter hohen Häusern umzingelt. Nach nunmehr sechs Jahren hat er sich zu einer Art Stadtdschungel entwickelt und für diese Lage erstaunlich viele Lebewesen angelockt. Mein Ferienhausgarten hingegen

Ein Gewässer ist im naturnahen Garten fast unverzichtbar, da es zahllose Lebewesen anlockt. Vom Steg aus lässt sich die Tierwelt gut beobachten.

grenzt an ein Sumpfgebiet im Nordwesten der Uckermark und wird, obwohl er sich noch im Embryonalstadium befindet, von Fröschen, Kröten und Ringelnattern geradezu überrannt.

Ihr Garten lässt sich vermutlich irgendwo zwischen diesen Polen einordnen. Dennoch hoffe ich, dass Ihnen meine Erfahrungen, die an vielen Stellen in dieses Buch eingeflossen sind, nützen und dass meine Erfolge Sie anregen, meine Fehlschläge Ihnen Enttäuschungen ersparen helfen.

Natürlich kann dieses Buch kein umfassender Ratgeber sein, auch wenn ich hier und da praktische Tipps eingeflochten habe. Wer Details zu speziellen Fragen wie Teichbau oder Ansaat von Wiesen wissen möchte, sei an die betreffende Fachliteratur verwiesen. Mir geht es vielmehr darum, Ihnen Ideen und Inspirationen zu liefern. Vor allem aber hoffe ich, Sie mit meiner Begeisterung für schöne, naturnahe Gärten anstecken zu können.

FOTOGRAFIE Marianne Majerus **GARTENDESIGN** Acres Wild **ORT** Surrey (England)

16

PLÄDOYER FÜR EINE NEUE ÄSTHETIK

FOTOGRAFIE Jürgen Becker **GARTENDESIGN** Piet Oudolf **ORT** Luxemburg

FOTOGRAFIE Jürgen Becker **GARTENDESIGN** Piet Oudolf **ORT** Hummelo (Niederlande)

Morgendlicher Raureif hat die verdorrten Halme von Wasserdost (Eupatorium) und anderen hohen Stauden in eine Märchenlandschaft verwandelt.

Dass Schönheit im Auge des Betrachters liegt, sagt sich leicht dahin, doch neigt man dazu, es zu vergessen. Entsprechend pikiert reagierte ich, als mich letzten Herbst eine Besucherin fragte, ob ich die verblühten Stängel direkt vor dem Fenster absichtlich stehen gelassen habe. Meine Erklärung, dass viele Insekten in trockenen Halmen überwintern und die Samenstände Vögel ernähren, leuchtete der Dame ein. Als ich aber hinzufügte, die Pflanzen-Skelette sähen doch auch reizvoll aus, schaute sie mich zweifelnd an und bemerkte, das sei sicher Geschmackssache: Auf sie wirkten die toten Pflanzen eher deprimierend.

Mich als Fan des niederländischen Gartengestalters Piet Oudolf, der wie kaum ein anderer den Reiz der Vergänglichkeit in seinen Pflanzungen zelebriert, befremdete diese Reaktion, wenn ich sie auch prinzipiell nachvollziehen kann. Mit der Ästhetik naturnaher Gärten verhält es sich vermutlich nicht anders als mit zeitgenössischer Kunst: Man muss sich auf sie einlassen, sich mit ihnen auseinandersetzen, um sie schön zu finden. Dabei gilt es, die eigenen Sehgewohnheiten in Frage zu stellen und offen zu sein für den Reiz des Natürlichen. In diesem Kapitel möchte ich erläutern, welche Eigenschaften diesen Zauber ausmachen – und Sie einladen, Ihr Ideal eines schönen Gartens zu überdenken.

FOTOGRAFIE Jürgen Becker **GARTEN** Peter Janke **ORT** Hilden (Deutschland)

Einen morbiden Zauber verbreitet von der Wintersonne bleich beleuchtetes Chinaschilf am Teichufer vor der Kulisse eines kahlen Wäldchens.

Ergänzung durch strenge, aufrechte Silhouetten, zum Beispiel der Königskerze (*Verbascum*), oder durch Kugelformen wie die etagenartig übereinander gestaffelten Samenstände der Indianernessel (*Monarda*). Diese Pflanze ist so standfest, dass ihre Halme sich nicht nur den ganzen Winter hindurch, sondern locker bis zum nächsten Herbst aufrecht halten.

Niemand zwingt uns übrigens dazu, im Februar, bevor die ersten Zwiebelblüher diese Arbeit erschweren, dann doch alle Stängel und Pflanzenreste abzuräumen, wie es Gartenratgeber üblicherweise empfehlen. In der Natur schneidet auch niemand die Reste vom Vorjahr ab. Das Nebeneinander von frischer, blühender Vegetation und alten, braunen Stängeln kann eine ganz eigene Wirkung entfalten und der Pflanzung mehr Tiefe verleihen.

Achten Sie bei der Gestaltung der Winterbilder auf den Lichteinfall. Am reizvollsten wirken sie, wenn die tief stehende Sonne die Pflanzen-Skelette im Gegenlicht illuminiert. Wenn dann noch Schneehäubchen die Samenkapseln und Grasbüschel krönen, kann sich wohl niemand mehr der Schönheit dieses Anblicks verschließen.

Purpursonnenhut (Echinacea purpurea) und Prachtscharte (Liatris spicata) sind ein beliebtes Duo in Präriepflanzungen. Allerdings neigt der Sonnenhut dazu, nach wenigen Jahren zu verschwinden, da er Konkurrenz schlecht verträgt. Doch mit einiger Wahrscheinlichkeit hat er Sämlinge an offeneren Stellen hinterlassen.

DYNAMIK Es ist kein Zufall, dass die Mutter der klassischen englischen Staudenrabatte eine verhinderte Malerin war: Die 1932 verstorbene Gertrude Jekyll hatte Kunst studiert, konnte aber wegen einer Augenkrankheit ihrer Berufung nicht nachgehen und wandte sich der Gartengestaltung zu. Sie begründete die Tradition, Pflanzungen wie Gemälde zu komponieren.

Hingegen neigen moderne Landschaftsarchitekten dazu, Gärten in Hinblick auf ihre räumliche Wirkung zu planen. Pflanzen gelten ihnen eher als Nebensache, als Material, um bestimmte Effekte zu erzielen. Der erfolgreiche britische Designer John Brookes gibt sogar die Devise aus: „Im Garten geht es nicht um Pflanzen."

Beide Ansätze reduzieren Gärten auf statische Zustände. Das grenzt an eine Vergewaltigung der Natur, denn diese ist niemals statisch. Natürliche Lebensräume verändern sich, und zwar nicht nur im Laufe der Jahreszeiten, sondern auch über längere Zeiträume hinweg. Dafür sorgt die Sukzession. Fällt zum Beispiel ein Wald einem Feuer zum Opfer, schließen zunächst krautige Pflanzen die Wunde, dann folgen kurzlebige Bäume wie Birken oder Weiden, bis nach einigen Jahrzehnten Eichen, Buchen oder Kiefern ihr Terrain zurückgewonnen haben.

Ebenso entwickeln sich natürliche Wiesen, sofern sie nicht gemäht oder beweidet werden, mit der Zeit zu Wäldern. Und Pionierpflanzen wie Johanniskraut und Natternkopf fassen in Schotterflächen Fuß, entlang von Bahngleisen und sogar auf brüchigem Asphalt, und bilden damit den Auftakt zur allmählichen Verwandlung in einen Trockenrasen.

Ein wesentlicher Reiz des Naturgartens besteht darin, diese Dynamik zuzulassen. Betrachten Sie Ihr Stückchen Land einmal nicht wie ein Bild, sondern wie ein Theaterstück: Ständig passiert etwas Neues, immer wieder überrascht Sie die Inszenierung mit originellen Wendungen. Sie selbst sind weder Regisseur noch bloßer Zuschauer: Die Natur präsentiert Ihnen ein Feuerwerk von Einfällen und Ihre Rolle ist es, einige zu verwerfen, andere in geordnete Bahnen zu lenken oder ihre Wirkung herauszuarbeiten. Vor allem aber sollten Sie das Schauspiel genießen.

Der Garten wird so zur experimentellen Anordnung, Sie zum Forscher, der seine Möglichkeiten erkundet. Damit das Experiment glückt, benötigen Sie zweierlei: eine Anfangsausstattung mit Pflanzen, die sich selbst aussäen – und ein wenig botanisches Basiswissen, um die Sämlinge dieser Gewächse von expansiven Unkräutern unterscheiden zu können. Das stellt sich mit der Zeit ganz von selbst ein, doch werden kleine Malheurs am Anfang nicht ausbleiben. Ich jäte immer noch die Nachkommen einer Garten-Wolfsmilch, die ich vor etlichen Jahren ganz dekorativ fand und unklugerweise zur Samenreife kommen ließ.

Mitunter halten auch Zierpflanzen den Gärtner mit ihrer Vermehrungsfreude in Atem. So hatte ich jahrelang gegen den Schlafmohn zu kämpfen. Wegen seines Opiumgehalts darf man *Papaver somniferum* in

FOTOGRAFIE Jürgen Becker GARTENDESIGN Piet Oudolf ORT Bad Godesberg (Deutschland)

FOTOGRAFIE Jürgen Becker GARTEN Peter Janke ORT Hilden (Deutschland)

Die Königskerze (Verbascum olympicum) mit ihren gelben Kandelabern ist eine typische Pionierpflanze, die sich auf schottrigen Brachflächen wohlfühlt und durch Samen massenhaft verbreitet. Nach der Blüte sterben die bis zu zwei Meter hohen Pflanzen ab und hinterlassen im Beet dann leider klaffende Lücken.

Deutschland eigentlich nur mit Genehmigung kultivieren, doch brachte ich in Unkenntnis dieser Regelung ein Samentütchen aus England mit nach Hause. Natürlich ließ ich die aparten Samenkapseln stehen – und musste im Frühjahr Aberhunderte von Jungpflanzen ausrupfen.

Inzwischen hält eine biologische Kontrolle die Drogenpflanzen für mich in Schach: Mäuse fressen den größten Teil der Samen auf und haben meinen Garten so auf den Boden der Legalität zurückgebracht. Es ist übrigens ein faszinierender Anblick, wenn eine Maus auf einem schwankenden Mohnstängel balanciert, die Kapsel säuberlich unter dem Ansatz abnagt und schließlich wegschafft.

Gerade in den ersten Jahren, wenn ein Garten noch nicht eingewachsen ist und die nackte Erde viel Platz zum Keimen bietet, macht die natürliche Dynamik also unter Umständen etwas Arbeit. Allerdings sollte man diesen Aufwand in Relation setzen zu der Mühe, die es bereitet, Gewächse in Töpfen vorzuziehen und auszupflanzen. Im Gegensatz zu liebevoll umsorgten Vorkulturen gedeihen Selbstaussaaten übrigens fast immer problemlos.

Und schließlich sieht es manchmal einfach umwerfend aus, wenn Pflanzen ganz von selbst an Stellen wachsen, wo man sie nie hingesetzt hätte – und wo sie dennoch perfekt hinpassen. So standen im vergangenen Sommer zwei gewaltige, fast zwei Meter hohe Königskerzen direkt neben meiner Haustür. Ich habe sie weder gepflanzt noch ausgesät noch diese Art überhaupt je in den Garten geholt. Der Wind muss die Samen hierher getragen haben. Ich erlaubte den Sämlingen mit den wollfilzigen Blättern weiterzuwachsen, schweren Herzens zwar, weil sie nach der Blüte absterben und eine große Lücke im Beet hinterlassen werden. Aber noch jetzt im Winter bin ich jedes Mal, wenn ich nach Hause komme, begeistert von den beiden Kandelabern, die kein Künstler besser hätte platzieren können. Und irgendetwas wird an der kahlen Stelle schon nachwachsen – ich lasse mich überraschen.

Die einfachen Ähren des Orient-Lampenputzergrases (Pennisetum orientale) verwandeln sich im Gegenlicht zu Erscheinungen von ätherischer Schönheit. Gräser eignen sich besonders gut für Gartenbilder mit natürlicher Ausstrahlung, da man sie automatisch mit Wildwuchs und Wiesen assoziiert.

SCHLICHTHEIT Ich liebe Pflanzen und wie alle Botanik-Enthusiasten neige ich dazu, viel zu viele Sorten und Arten in meinen Garten zu stopfen. Einen naturnahen, harmonischen Eindruck fördert die Sammelwut nicht gerade. Deshalb befinde ich mich ständig in einem Zwiespalt: Einerseits betrauere ich den Verlust, wenn wieder ein Staudenschatz von seinen Nachbarn überwuchert wurde, andererseits fühle ich mich über den Rückschritt zu mehr Einfachheit insgeheim erleichtert.

Die Natur ist keine Spezialitätengärtnerei; ausgewiesene Raritäten findet man in der Regel an extremen Standorten. Die meisten natürlichen Lebensräume werden von einer überschaubaren Zahl von Leitarten dominiert, die dort unter den jeweiligen Umweltbedingungen am besten zurechtkommen. Meist handelt es sich um besonders robuste und vitale Arten. Haben Sie also keine Scheu vor gewöhnlichen Gewächsen: Sie bilden das Rückgrat des Naturgartens.

Sogenannte Kenner mögen die Nase rümpfen, wenn die eine oder andere Pflanze zu sehr in Mode gekommen ist und überall in den Gärten aufzutauchen scheint. Es soll Leute geben, die so unverzichtbare Stauden wie den Frauenmantel (*Alchemilla mollis*) aus ihrem Garten verbannen, weil sie ihn ordinär finden. Lassen Sie sich von derart elitären Erwägungen nicht beirren: Pflanzen, die anscheinend jeder hat, sind mit Sicherheit anspruchslos und vital – und erfüllen damit eine wichtige Voraussetzung für den Naturgarten. Denn Allerweltspflanzen wie Storchschnabel (*Geranium*), Fette Henne (*Sedum*) und Katzenminze (*Nepeta*) sind genau die Gewächse, mit denen das Gärtnern Spaß macht. Das gilt umso mehr, wenn man nicht ständig mit Gießkanne und Giftspritze neben dem Beet stehen will, und das sollte im Naturgarten ja Ehrensache sein. Wählen Sie also unkomplizierte Pflanzen – der Artname „vulgaris" oder „officinalis" ist ein guter Indikator – und pflanzen Sie diese in großzügigen Mengen. So entsteht eine ebenso schlichte wie effektvolle Pflanzung mit natürlicher Anmutung.

Sie möchten aber auf prachtvolle Blüten nicht verzichten? Kein Problem. Vereinzelt eingestreut, können großblumige Hybriden, zum Beispiel Taglilien, Dahlien oder auch gesunde Rosensorten, Glanzlichter setzen und als Kontrast den ungezwungenen Charme der übrigen Pflanzung unterstreichen. Schließlich geht es nicht darum, natürliche Pflanzengesellschaften eins zu eins nachzustellen, sondern ein ansprechendes Gesamtbild zu schaffen.

In meinem Berliner Garten beispielsweise mischen sich mannshohe Orient-Lilien problemlos unter Wildstauden. Die imposanten Blumen verleihen einer Pflanzung, die ansonsten ein wenig diffus wirken könnte, Struktur und sind Fixsterne in einem Beet, dessen Gesicht sich von Jahr zu Jahr wandelt.

Die plakative Wirkung solcher Blüten sollte aber nicht davon ablenken, dass die wahre Schönheit naturnaher Pflanzungen im Detail liegt. Betrachten Sie einmal die winzigen Blütensterne des Frauenmantels, die man gewöhnlich nur en masse als gelbgrüne Wolke wahrnimmt, und erfreuen sie sich an ihrer wunderbaren Geometrie: Vier runde Staubblätter

FOTOGRAFIE Jürgen Becker **GARTEN** Madelien van Hasselt **ORT** Nieuw- en St. Joosland (Niederlande)

FOTOGRAFIE Jürgen Becker GARTEN Peter Janke ORT Hilden (Deutschland)

Die Akelei (Aquilegia vulgaris) mutet mit ihren gespornten Blüten exotisch wie eine Orchidee an, ist aber eine robuste, wenn auch eher kurzlebige Wildstaude.

scheinen wie Monde über den dreieckigen Zipfeln des Blütenkelchs zu kreisen. Streichen Sie über die samtigen Blätter, auf denen sich silbrige Wassertropfen sammeln.

Auf einen Spaten kann ein Naturgärtner notfalls verzichten, nicht aber auf eine Lupe. Diese Erkenntnis verdanke ich dem verstorbenen Gartenautoren Jürgen Dahl, dessen Bücher mir den Blick auf den faszinierenden Mikrokosmos der Botanik eröffnet haben. Viel zu oft nehmen Gartenliebhaber ihre Pflanzen nur als Farbtupfer wahr, ähnlich den Pinselstrichen eines Gemäldes. Wir achten auf Harmonie und das große Ganze, vergessen aber, uns einmal die Einzelblüte eines Rittersporns oder einer Lupine aus nächster Nähe anzuschauen.

Und wer hätte je einmal so etwas Banales wie die Blüten verschiedener Wegeriche mit dem Vergrößerungsglas studiert? Dahl, ein Naturforscher im altmodischen Wortsinn, beschäftigte die verwirrende Formenvielfalt dieser Pflanzen, die wir gewöhnlich nur als Unkraut wahrnehmen, so sehr, dass er eine Wegerich-Sammlung anlegte.

Das Studium winziger Strukturen ist nicht nur ein ästhetisches Erlebnis, sondern es eröffnet uns auch einen neuen Zugang zur Natur. Wie perfekt sie ihre Hervorbringungen den jeweiligen Umständen angepasst hat, mag den einen oder anderen sogar ehrfürchtig stimmen. Auch darum geht es im Naturgarten.

Gelb und Pink geht gar nicht? Zweierlei Sonnenhüte beweisen hier das Gegenteil. Die Natur hält sich eben nicht an die Regeln des guten Geschmacks.

FARBE Blättert man durch Bildbände und Magazine, scheint es, als habe sich eine elegische Stimmung über unsere Gärten gelegt. Allerorten sind Beete in Magenta und Mauve zu bewundern, deren verhaltene Eleganz an die Boudoirs unserer Urgroßmütter denken lässt.

Erstaunlicherweise dominieren diese Töne nicht nur die eher romantisch-klassischen Gärten voller Phlox und alter Rosen, sondern auch die modernen Pflanzungen im Prärie-Stil: Nie scheinen sie ohne die rosa Blütenigel des Purpursonnenhuts (*Echinacea purpurea*) auszukommen.

Nun ein Geständnis: Auch ich habe in meinem Hinterhof eine Miniatur-Prärie angelegt, die im Hochsommer pink und violett leuchtet. Der Purpursonnenhut mit seiner markanten, grafisch so reizvollen Gestalt zählt sogar zu meinen Lieblingspflanzen. Ich möchte ihn unter keinen Umständen missen. Die Kombination von Rosa mit etwas Blau, Weiß und Violett funktioniert eben gut; mit solchen Pflanzungen kann man nicht viel falsch machen. Und natürlich spricht aus ökologischer Sicht nichts gegen die rosa Welle.

Noch ein Geständnis: So hübsch sie auch anzusehen sind, gehen mir die geschmackvollen Ton-in Ton-Kombinationen in gebrochenen Kardinalfarben allmählich auf die Nerven. Und da es hier um die Ästhetik naturnaher Beete geht, bleibt anzumerken, dass flächendeckendes Rosa in Mitteleuropas Wald und Flur eher selten anzutreffen ist.

Kahl geschlagene Waldflächen voller Weidenröschen zählen zu den wenigen Beispielen, die mir einfallen. Viel häufiger scheint die Natur

FOTOGRAFIE Jürgen Becker **GARTEN** Schloss Dyck **ORT** Jüchen (Deutschland)

FOTOGRAFIE Jürgen Becker **GARTEN** Madelien van Hasselt **ORT** Nieuw- en St. Joosland (Niederlande)

Viele Kenner lehnen Gelb als aufdringlich ab. Dabei ist es wegen ihrer heiteren Ausstrahlung ein Jammer, auf diese Farbe zu verzichten. Die Kombination von Fenchel (Foeniculum vulgare), Schafgarbe (Achillea filipendulina) und Sonnenauge (Heliopsis scabra) beweist zudem, dass gelbe Blumen durchaus eine subtile Komposition ergeben können.

Pink mit dem feinen Pinsel pointilistisch hinzutupfen: Kuckuckslichtnelken auf einer Feuchtwiese, Storchschnabel am Waldrand, Hundsrosen im schäumenden Weiß der Heckenblüte. Vielleicht ist das der Grund, warum viele zeitgenössische Staudenpflanzungen mit ihren Purpursonnenhüten, Prachtscharten und Astern zwar zwanglos, filigran und überaus ästhetisch wirken – aber eher wie kunstvoll arrangierte Bilder denn wie natürlich gewachsene Wiesen. Deshalb möchte ich an dieser Stelle ein Plädoyer für eine viel geschmähte Farbe halten: Wagen Sie mehr Gelb! Viele prominente Gärtner und Landschaftsarchitekten hegen geradezu eine Aversion gegen diese Farbe: Gelb sei vulgär, aufdringlich, es mangele ihm an Tiefe und Sinnlichkeit. Im Grunde hat ja schon der Volksmund Gelb die undankbare Rolle als Farbe des Neides und der Missgunst zugedacht.

Zu Unrecht, finde ich. Schließlich stimmt Gelb die meisten Menschen fröhlich. Vor allem aber ist es neben dem Weiß blühender Gehölze *die* Farbe der freien Landschaft: Gelb leuchten die fetten Wiesen voller Löwenzahn und Butterblumen, gelb blühen die Rapsfelder, gelb prangen Sumpfdotterblumen und Schwertlilien am Teichufer, und wer im August mit der Bahn durch Deutschland reist, erlebt einen einzigen Rausch von Gelb, den die Kanadische Goldrute auf Brachflächen und an Gleisrändern entfacht. Wie könnte ein Naturgarten ohne diese Farbe auskommen?

Die Natur scheut nicht einmal die berüchtigte Kombination von Goldgelb und Bonbonrosa: Unverkrampft wachsen Kuckuckslichtnelken neben gelbem Hahnenfuß, am Wegesrand paaren sich knalliger Rainfarn und puderige Flockenblume. Pflanzen Sie also ruhig einmal den Purpursonnenhut neben seinen nahen Verwandten, den gelben Sonnenhut (*Rudbeckia fulgida* var. *sullivautii*). Diese Kombination lässt garantiert keine Melancholie aufkommen.

Straußfarn (Matteuccia struthiopteris) und Vergissmeinnicht (Myosotis sylvatica) schaffen einen allmählichen Übergang vom Gehölzrand zur Lichtung.

UNSCHÄRFE Die meisten Menschen mögen klare Linien. Von sauber gestutzten Hecken, Sichtachsen, geometrischen Parterres leben barocke Gärten ebenso wie viele Werke der modernen Landschaftsarchitektur. Auch die traditionelle Staudenrabatte à la Sissinghurst verlangt nach einer Begrenzung durch Natursteinplatten oder messerscharf abgestochene Rasenkanten.

In der Natur findet man solche harten Übergänge selten. Fast unmerklich geht ein Wald zunächst in einen Gehölzsaum, dann in eine Wiese über. Nirgends lässt sich eine eindeutige Grenze definieren, wo die eine Vegetationsform endet und die andere beginnt.

Auch die horizontale Schichtung verläuft unscharf: Am Waldrand mischen sich schulterhohe Stauden mit aufstrebenden Gehölzen, Großsträucher wie Holunder und Weißdorn recken sich bis ins Kronendach der Waldbäume, und Kletterpflanzen wie Hopfen und Waldrebe verweben alle Vegetationsschichten vom Erdboden bis zu den Baumwipfeln miteinander.

So entsteht eine komplexe Szenerie, die dem Auge wenig Anhaltspunkte bietet. Es fehlen klare Strukturen, die unseren Blick lenken könnten. Leider neigen wir dazu, ein derart verschwommenes Bild als unordentlich und unschön zu empfinden. Dies mag einer der Gründe sein, weshalb naturnah angelegte Pflanzungen bei manchen Menschen auf Missfallen stoßen – und zu dem Image des zwar politisch korrekten, aber unansehnlichen Naturgartens beitragen.

FOTOGRAFIE Jürgen Becker **GARTEN** Peter Janke **ORT** Hilden (Deutschland)

FOTOGRAFIE Marianne Majerus **GARTEN** Manor House Farm **ORT** Norfolk (England)

Kletterpflanzen wie die prachtvolle Rose 'Rambling Rector' mildern den abrupten Übergang von Gebäuden und Mauern zur Vegetation des Gartens.

Leider lässt sich dieses Dilemma nicht ganz leicht aus der Welt schaffen. Denn so wie die Vernetzung von Biotopen im Großen ein wichtiges Anliegen des Naturschutzes ist, so trägt auch die Verwobenheit im Garten zu dessen Lebendigkeit bei. Kleintiere brauchen Deckung und meiden offene Flächen, deshalb schränken abrupte Übergänge zwischen Beeten, Gehölzen und Wegen sie ein. Eine Maus wird eher einen weiten Umweg durch schützende Vegetation zurücklegen, als eine gemähte Rasenfläche zu überqueren.

So gilt es, einen Kompromiss zu finden zwischen unseren Sehgewohnheiten und der chaotischen Verwobenheit der Natur. Wie viel Unordnung man erträgt, muss jeder für sich herausfinden. Bei mir beispielsweise dürfen Walderdbeeren und Frauenmantel die Terrasse erobern, Grasbüschel oder andere Unkräuter dulde ich hingegen nicht. Auf diese Weise versuche ich, die Balance zwischen einem naturnahen, aber dennoch nicht ungepflegten Zustand zu halten.

Ein fantastisches Mittel, Konturen zu verwischen, sind Kletterpflanzen. Sie verschmelzen Haus und Garten zu einer Einheit und verwandeln glatte Mauern in Lebensräume. Der alte Apfelbaum, durch den eine Ramblerrose rankt, ist ein Evergreen der romantischen Gartengestaltung – und der Beweis, dass sich Ästhetik und ein gewisses Maß an Unordnung nicht ausschließen. Wer wäre nicht begeistert vom Anblick der Blütengirlanden, die von knorrigen Obstbaumästen herabhängen?

DIE PRINZIPIEN DES NATURGARTENS

FOTOGRAFIE Jürgen Becker **GARTENDESIGN** Piet Oudolf **ORT** Luxemburg

FOTOGRAFIE Jürgen Becker **GARTEN** Madelien van Hasselt **ORT** Nieuw- en St. Joosland (Niederlande)

Ein Teich im Naturgarten soll keine exakte Kopie natürlicher Gewässer sein – Hauptsache, er wirkt harmonisch und ungezwungen.

Ein Garten soll Freude bereiten. Das gelingt nur, wenn man entspannt an die Aufgabe herangeht, ihn zu planen, anzulegen und zu pflegen. Dogmen sind fehl am Platze, weil sie uns leicht ein schlechtes Gewissen machen und die Lust am Experimentieren verderben. Man sollte nicht den Anspruch haben, partout alles richtig zu machen, damit auch noch der letzte seltene Nachtfalter angemessene Kost und Logis vorfindet, sollte er denn einmal bei uns vorbeischauen. Wichtiger erscheint mir ein spielerischer Zugang, die Bereitschaft, Dinge zuzulassen, und die Gabe, genau hinzusehen, um einerseits das Schöne zu genießen, andererseits Probleme rechtzeitig zu erkennen.

Auch wenn der Naturgarten also kein Ort für Ideologien ist, gibt es doch ein paar Prinzipien, die man kennen sollte. Es sind keine ehernen Gesetze und es ruiniert unser grünes Idyll nicht gleich, wenn man gelegentlich bewusst gegen das eine oder andere davon verstößt. Trotzdem wird es kaum gelingen, erfolgreich mit der Natur zu gärtnern, wenn man diese Prinzipien auf Dauer missachtet.

Fenchel, Herbstanemonen und Dahlien haben auf den ersten Blick wenig gemein, bevorzugen aber allesamt einen nahrhaften, humosen Boden.

DER RICHTIGE STANDORT Eigentlich versteht es sich von selbst, dass man auf einer sandigen, windgepeitschten Endmoräne nicht versuchen sollte, einen Sumpfgarten anzulegen. Ebenso liegt es auf der Hand, dass im dauerfeuchten Boden der Elbmarsch alpine Pflanzen wenig Aussicht auf ein erfülltes Leben haben. Und dass Rhododendren nicht im kalkhaltigen Schotter gedeihen, hat sich sogar unter Gartenlaien herumgesprochen.

So leuchtet die Devise „die richtige Pflanze für den passenden Standort", von den Briten prägnant „right plant, right place" genannt, jedem ein, der auch nur einen Moment darüber nachdenkt, dass in der Natur nicht jede Pflanze an jedem beliebigen Ort anzutreffen ist. Bodenverhältnisse, Lichteinfall und Mikroklima bestimmen nun einmal maßgeblich, welche Gewächse auf einem Flecken Erde eine Chance haben – und welche man, wenn überhaupt, nur mit viel Pflege am Leben erhalten kann.

Obwohl also eigentlich alles klar ist, ignorieren trotzdem fast alle Gartenliebhaber diese Weisheit in mehr oder minder katastrophalem Ausmaß – und auch Naturgärtner sind nicht davor gefeit. Dabei sind gerade sie darauf angewiesen, mit der Natur zu gärtnern, anstatt gegen ihre Gesetze anzurennen. Schließlich wollen gerade sie kümmernden Gewächsen nicht ständig mit Chemie über die Runden helfen.

Doch Pflanzen, die unter ungünstigen Bedingungen wachsen sollen, gleichen chronisch kranken Patienten: Ohne Dauermedikation fallen

FOTOGRAFIE Jürgen Becker **GARTEN** Madelien van Hasselt **ORT** Nieuw- en St. Joosland (Niederlande)

Harmonie über drei Kontinente hinweg: Einheimischer Fenchel (Foeniculum vulgare), asiatischer Kerzenknöterich (Bistorta amplexicaulis) und das Lanzen-Eisenkraut (Verbena hastata) aus Nordamerika passen gut zusammen und bieten zudem Insekten Nahrung. Am Fenchel findet man mitunter sogar die bunten Raupen des Schwalbenschwanzes.

SINNVOLLE PFLANZENAUSWAHL Wohl kein anderer Aspekt der Hortikultur wird so kontrovers – und ideologisch – diskutiert wie die Frage, welche Pflanzen in den naturnahen Garten gehören. Der Eifer, mit dem ein Teil der Naturgarten-Bewegung auf einheimische Wildpflanzen pocht, schreckt vermutlich viele Menschen ab, die nicht auf jede schöne Züchtung verzichten möchten. So erklärt Reinhard Witt, Gründer des Vereins „Naturgarten e. V.", kategorisch: „3100 Wildpflanzen gibt es hierzulande. Sie sind das Wesentliche im naturnahen Garten. Naturgärtner verwenden sie ausschließlich oder überwiegend."

Umgekehrt rücken Freunde kunstvoll angelegter Gärten, die den Begriff Naturgarten ohnehin für einen Widerspruch halten, Wildpflanzen-Verfechter gern in die Nähe fremdenfeindlicher Heimattümler. Diese polemisch geführte Debatte schadet der Naturgarten-Idee gleich in mehrfacher Hinsicht: Zum einen sehen sich ihre Befürworter pauschal als Reaktionäre verunglimpft, zum anderen wird die Gleichsetzung von Naturgarten und einheimischen Wildpflanzen der Vielseitigkeit des Thema nicht gerecht.

Ohnehin geben sich die Anhänger der hiesigen Vegetation recht großzügig bei ihren Kriterien, was als erlaubte Wildpflanze durchgeht. „Heimisch ist alles, das sich in Mitteleuropa ohne menschliche Hilfe selbst erhält. Das kann auch in der Stadt oder am Bahndamm sein", so definiert etwa Reinhard Witt diesen Begriff. Damit erteilt er immerhin so beliebten Gartenpflanzen wie dem ostasiatischen Schmetterlingsflieder (*Buddleja davidii*) oder der Kanadischen Goldrute (*Solidago canadensis*) seinen Segen. Allerdings gälten nach dieser Lesart auch einige invasive Problemunkräuter als heimische Wildpflanzen, zum Beispiel der Japanknöterich *Reynoutria japonica* (manchmal auch *Fallopia* genannt). Diese hübsche Staude ist der Alptraum der Naturschützer, da sie sich stellenweise an Bachufern massiv ausgebreitet und die ursprüngliche Flora verdrängt hat. Nur Wahnwitzige holen sich einen solchen Wucherkünstler in den Garten.

Schon dieses etwas absurde Beispiel zeigt, dass es nicht weit führt, sich ausschließlich am Kriterium der Herkunft zu orientieren. Vielmehr kommt es darauf an, Pflanzen auszuwählen, die möglichst viel zu bieten haben: Pollen und Nektar für Bienen, Schmetterlinge und andere Insekten; nahrhafte Blätter für Raupen; Samen oder Beeren für Vögel und Kleinsäuger; und nicht zuletzt schöne Blüten und schmückendes Laub für das menschliche Auge.

In der Tendenz ist es allerdings richtig, dass seit Langem hier ansässige Gewächse Tieren eine reichhaltigere Nahrungsgrundlage bieten als die sogenannten Exoten. Nicht anders als Kinder halten sich eben Vögel und Insekten bei unbekannten Speisen erst einmal zurück.

So führt Reinhard Witt Auswertungen an, nach denen die Beeren europäischer Gehölze deutlich mehr Vögeln schmecken als die zwar verwandter, aber fremdländischer Arten: 19 verschiedene Spezies machen

FOTOGRAFIE Jürgen Becker GARTEN In Goede Aarde ORT Biervliet (Niederlande)

FOTOGRAFIE Marianne Majerus GARTENDESIGN Paul and Pauline McBride ORT West Sussex (England)

Trotz seiner Herkunft aus Nordamerika erfreut sich der Purpursonnenhut (Echinacea purpurea) bei der einheimischen Tierwelt großer Beliebtheit. Bienen und Schmetterlinge besuchen die nektarreichen Blüten und im Herbst picken Vögel die Samen von den Fruchtständen, bis nur der kegelförmige Boden zurückbleibt.

sich über die Früchte des Gemeinen Sauerdorns her (*Berberis vulgaris*), nur 7 hingegen mögen den beliebten Zierstrauch *Berberis thunbergii*, dessen Heimat in China und Japan liegt. Ebenso tun sich 15 Vogelarten an der Kornelkirsche (*Cornus mas*) gütlich, nur 8 am Weißen Hartriegel (*Cornus alba*), einem Gehölz aus Sibirien.

Es gibt allerdings auch Gegenbeispiele: Die Kanadische Felsenbirne (*Amelanchier canadensis*) lockt ebenso viele Vögel an wie die europäische Gemeine Felsenbirne (*Amelanchier ovalis*), nämlich 21 – und damit deutlich mehr als die bodenständige Kornelkirsche. (Ich wünschte übrigens, es wäre anders, dann könnte ich hin und wieder ein paar der köstlichen, blaubeerartigen Felsenbirnen-Früchte selber essen.)

Trotzdem neige ich dazu, europäischen Gehölzen den Vorzug zu geben. Schließlich verfügen die meisten Leute nicht über parkartige Grundstücke und damit nur über Platz für eine begrenzte Anzahl von Sträuchern und vielleicht einen oder zwei Bäume. Diese aber werden einen großen Teil des Gartenvolumens einnehmen und haben entsprechend viel Einfluss auf dessen ökologischen Wert. Deshalb sollte man die Wahl eines Baums oder Strauchs sorgfältig abwägen. Mit heimischen Arten befindet man sich auf der sicheren Seite.

Wesentlich experimentierfreudiger gehe ich mit Stauden und Einjährigen um – ein paar ungenießbare Exoten machen einen Garten noch lange nicht zur Öko-Wüste. Zudem lassen sich Missgriffe leicht korrigieren. Es gibt sogar ökologische Argumente, die dafür sprechen, sich nicht ausschließlich auf mitteleuropäische Wildblumen zu beschränken.

Viele davon sind nämlich auf nährstoffreichen Böden nicht konkurrenzfähig. Das führen uns die artenarmen Ackersäume und Wegränder der überdüngten Agrarlandschaft vor Augen, wo allerorten ein paar Stickstoffliebhaber wie Brennnessel und Wiesenkerbel das Bild bestimmen. Nicht anders als Wald und Flur leiden aber auch die meisten Gartenböden unter einer Überdosis Stickstoff. Wer seltene Wildblumen kultivieren will, kommt deshalb in der Regel um einen Erdaustausch nicht herum.

Wer diesen Aufwand scheut und beispielsweise einen bestehenden Garten allmählich in einen naturnäheren Zustand transformieren will, tut gut daran, sogenannte Exoten nicht von vornherein auszuschließen. Nicht umsonst stammen viele beliebte Beetstauden aus der nordamerikanischen Prärie, und zwar aus Regionen mit frischem, nahrhaftem Boden: Phlox, Astern, Mädchenauge, Berufkraut, Sonnenhut, Sonnenbraut und Sonnenblume.

Diesen Pflanzen ist es genetisch eingeprägt, gewissermaßen die Ellenbogen auszufahren und im Frühsommer zunächst einmal kräftig zu wachsen. Erst wenn sie ihren Standort behauptet haben, stecken sie ihre Energien in die Blütenbildung. Deshalb blühen viele Präriestauden spät im Jahr – und gedeihen gut in fruchtbarer Gartenerde.

Zudem locken sie im Spätsommer Heerscharen von Bienen, Hummeln und Faltern an, die zu dieser Zeit in der freien Landschaft nicht mehr allzu

Pfauenaugen zählen zu den schönsten einheimischen Schmetterlingen und sind zum Glück recht häufig. Besonders gern besuchen sie Korbblütler wie diese Astern.

viele Nahrungsquellen vorfinden. In meinen Beeten wird keine einzige einheimische Art von so vielen Insekten umschwirrt wie die aus Nordamerika stammende Duftnessel (*Agastache foeniculum*), die auch unter dem etwas kryptischen Namen Anis-Ysop im Handel ist. Warum sollte eine so großartige, gut aussehende Pflanze, die zudem einen köstlichen Kräutertee abgibt, nicht in den naturnahen Garten gehören?

Während die Nektarsammler unter den Insekten gern an exotischen Blüten naschen, ernähren sich Grünzeugliebhaber allerdings oft konservativ. Das gilt vor allem für den Nachwuchs der Schmetterlinge: die Raupen. Sie sind häufig auf wenige, mitunter sogar nur eine Futterquelle spezialisiert. Fütterungsversuche haben gezeigt, dass manche Raupen das Laub eingeführter Gewächse selbst dann verschmähen, wenn es sich um enge Verwandte ihrer einheimischen Nahrungspflanzen handelt.

Leider zählen jedoch die wenigsten Raupenleibspeisen zur Kategorie der begehrenswerten Gartenpflanzen. Die Schmetterlinge in spe tummeln sich eher auf unscheinbaren Wiesenkräutern wie Ampfer und Klee, Gräsern wie Aufrechter Trespe oder Rotem Schwingel, mittelmäßig attraktiven Gehölzen wie Faulbaum und Liguster und – jeder weiß es – auf Brennnesseln.

Dass ein Naturgarten nicht ohne einen Horst Brennnesseln in einer Ecke auskommt, ist ein hartnäckiges Klischee. Aber ich kann Sie beruhigen: Vergessen Sie die Nessel. Sie zu pflanzen, nutzt der Schmetterlingsfauna nichts. Das haben Forscher sogar experimentell nachgewiesen. Der britische

FOTOGRAFIE Jürgen Becker **GARTEN** Maurice Vergote **ORT** Oostkamp (Belgien)

FOTOGRAFIE Marianne Majerus

Gediehe der Löwenzahn (Taraxacum vulgare) nicht in jeder Pflasterritze, würden wir die wunderschöne Staude in unsere Beete holen. Trotz ihrer hartnäckigen Pfahlwurzel sollte die Pusteblume im Naturgarten wachsen dürfen – zur Freude von Kindern und Insekten, vielleicht auch als Bereicherung der Salatschlüssel.

Ökologe Ken Thompson von der Universität Sheffield pflanzte stattliche Brennnessel-Horste in 20 verschiedenen Versuchsgärten und beobachtete die Stauden über mehrere Jahre hinweg. Abgesehen von zwei Raupen des C-Falters, die sich in einem (!) Jahr auf einem (!!) der Testnessel-Büsche sehen ließen, blieben die haarigen Gewächse allesamt unberührt.

Warum sollten sich Falter auch auf die Suche nach ein paar isolierten Brennnesseln in irgendwelchen Gärten machen, wo doch *Urtica dioica* überall, auf Brachgrundstücken, an Waldrändern und Wegsäumen, in gigantischen Beständen wächst? Das ganze Land ist voller Nesseln. Deshalb gehören Schmetterlinge, deren Raupen eine strikte Nesseldiät einhalten, auch nicht zu den seltenen Arten: Kleinen Fuchs, Tagpfauenauge und Admiral hat wohl jeder Gärtner schon einmal gesichtet, auch wenn ihm nie eine Brennnessel ins Beet käme.

Das Allerweltsunkraut hat natürlich seine Vorzüge: Es liefert ein akzeptables Blattgemüse zu einer Zeit, wenn sich im Küchengarten noch nichts regt. Anhänger der Biogarten-Lehre wissen um seinen Wert als Rohstoff wirksamer Tees und Jauchen, deren Zubereitung bei mir seit Jahren auf der Mal-Ausprobieren-Liste steht. Trotzdem empfehle ich Ihnen: Pflücken Sie Ihre Nesseln irgendwo in der Nachbarschaft und pflanzen Sie in Ihrem Garten etwas anderes. Es gibt einfach schönere Gewächse.

Ebenso wenig lohnt sich der Versuch, Ihre Beete beispielsweise mit dem Dornigen Hauhechel zu füllen, um den Hauhechel-Bläuling anzulocken. Falls dieser Falter Sie nicht ohnehin bereits besucht hat, werden Sie aller Wahrscheinlichkeit nach enttäuscht werden. Viele Schmetterlingsarten bleiben nämlich ihrem Standort treu und legen auch als erwachsene Tiere keine weiten Strecken zurück. So dürfen Sie in Ihrem Garten entweder mit Flugkünstlern rechnen, zu denen die Nessel-Liebhaber gehören, oder mit Spezies, die bereits in der Umgebung ansässig sind.

Statt spezielle Futterpflanzen für seltene Schmetterlingsraupen anzusiedeln, empfiehlt es sich deshalb, einfach ein Stück Wiese wachsen zu lassen. Dort werden sich mit der Zeit an den Standort angepasste Gräser und Kräuter einstellen, die den ringsum vorkommenden Faltern Gelegenheit zur Eiablage bieten. Obendrein stehen die Chancen gut, dass sich im hohen, verfilzten Gras ein Hummelvolk einnistet.

Exoten in Maßen sind also im Naturgarten erlaubt und ähnlich pragmatisch gehe ich mit Hybriden, also züchterisch veränderten Pflanzen, um. Es muss nicht immer die Wildform sein, oft sehen Züchtungen hübscher aus, sind standfester oder wuchern weniger. Viele davon munden Tieren ebenso gut wie der jeweilige Wildtyp. Allerdings bieten gefüllt blühende Züchtungen Insekten in aller Regel wenig bis gar keinen Pollen und Nektar, da bei ihnen die fruchtbaren Organe zu sterilen Blütenblättern mutiert sind. Oft bilden solche Hybriden auch keine Samen, die Vögel aufpicken könnten.

Es gibt freilich Ausnahmen, die die Regel bestätigen. So hat der Naturgärtner Reinhard Witt den ökologischen Wert von Rosenzüchtungen

Im Gegensatz zur Wildform wuchert die Goldnessel (Lamium galeobdolon 'Silberteppich') nicht und ist ein hübscher Bodendecker unter Gehölzen.

untersucht und kommt zu dem Ergebnis, dass kaum ein Zusammenhang zwischen Blütenform und Fruchtansatz besteht.

Im Gegenzug gleichen manche Zuchtformen ihrer wilden Verwandtschaft aufs Haar, sind aber aufgrund irgendeiner genetischen Panne vermehrungsunfähig, zum Beispiel die Purpur-Kratzdistel *Cirsium rivulare* 'Atropurpureum'. Alles in allem gilt bei Gartenpflanzen dennoch die Faustregel: Je mehr Staubblätter oder Körbchenblüten zu unfruchtbaren Blütenblättern mutiert sind – je praller und bauschiger die Blume also wirkt – desto karger fällt das Insektenbuffet aus und desto unwahrscheinlicher ist es, dass die Blüte ihrer natürlichen Bestimmung als Fortpflanzungsorgan nachkommt. Achten Sie also bei Zuchtsorten auf einfache oder locker gefüllte Blüten, die in naturnahen Pflanzungen auch ästhetisch besser ins Bild passen. Meiden Sie Gewächse, die mit Prädikaten wie „steril" oder „versamt sich nicht" beworben werden.

Und wenn Sie sich nun ausgerechnet in die fliederfarbene Pompondahlie 'Franz Kafka' verliebt haben? Oder nicht ohne die puderrosa Blütenbälle der Pfingstrose 'Sarah Bernhardt' leben können? Dann pflanzen Sie Ihre Favoriten, aber eben nicht nur sie. Schließlich geht es im Naturgarten nicht um die reine Lehre, sondern um Vielfalt – und Vergnügen.

FOTOGRAFIE Jürgen Becker GARTEN Peter Janke ORT Hilden (Deutschland)

Alte Tontöpfe und Gartengeräte, ein Holzstapel oder ein liebevoll gestaltetes Vogelhäuschen sind nicht nur reizvolle Blickfänge, sondern locken auch Tiere in den Garten. Insekten, Spinnen und andere Kleintiere benötigen schließlich allerlei Ritzen und Hohlräume als Schlupfwinkel.

VIELFÄLTIGE STRUKTUREN

Vielfalt gilt es nicht nur bei der Auswahl der Pflanzen anzustreben, sondern ebenso beim Angebot an Nischen und Schlupfwinkeln. Neben Nahrung benötigen Insekten, Vögel und Kleintiere schließlich auch Zuflucht; sie möchten sich vor Raubtieren verstecken oder Winterschlaf halten, ihre Eier an einem sicheren Ort ablegen oder ihren Nachwuchs behütet großziehen.

Ein lebendiger Garten enthält daher eine Fülle von Habitaten: Zu den wichtigsten gehören Teich und Totholz, Baum, Hecke und hohes Gras, dazu Trockenmauer oder Steinhaufen, ein modernder Baumstrunk, eine Kletterpflanze an der Fassade. Die Wunschliste ist also lang und stellt – nicht anders als beim Thema Pflanzenvielfalt – den Gärtner wiederum vor einen Zielkonflikt: Einerseits will er möglichst vielen Tierarten etwas bieten, andererseits keine Outdoor-Rumpelkammer anlegen. Sie kennen vermutlich Exemplare der Öko-Gärten aus den 80er-Jahren, in denen Folienteich, Kräuterspirale und Hochbeet liebevoll nebeneinander arrangiert liegen und sich doch nicht zu einem ansehnlichen Gesamtbild fügen.

Vor allem, wenn der Platz begrenzt ist, heißt es deshalb, Verzicht zu üben. Sehen Sie sich in Ihrer Umgebung um: Hat der Nachbar bereits einen großzügigen Teich angelegt? Dann müssen Sie nicht noch selbst einen Tümpel buddeln. Grenzt Ihr Garten an ein verwildertes Brachgrundstück? Bestens, dann können Sie den Programmpunkt „hohes Gras" abhaken. Liegen links und rechts nur langweilige Rasenflächen? Pech gehabt, nun müssen Sie Abstriche machen. Akzeptieren Sie, dass Sie nicht alles haben können und entscheiden Sie sich: Wald oder Wiese? Wasser oder Stein? Sonst droht Ihnen ein unbefriedigendes Patchwork von Gestaltungselementen.

Mitunter lässt sich ein harmonischer Eindruck herstellen, indem man Funktionen kombiniert: So wird eine niedrige Mauer aus alten Ziegeln und Dachpfannen mit Brett darauf zur Sitzgelegenheit, oder eine Wand aus aufgestapelten Holzscheiten fungiert als Sichtschutz.

In kleinen Gärten dienen attraktiv gestaltete Tierbehausungen als Blickfang, zum Beispiel die sogenannten Insektenhotels. Kinder lieben es, aus Holzrahmen und allerlei Material wie gebündelten hohlen Stängeln und Zweigen, Tannenzapfen, angebohrten Holzscheiben und Lochziegeln solche Unterkünfte zu basteln. Hängt oder stellt man sie an einem geeigneten Standort auf – er sollte geschützt und nach Süden oder Osten ausgerichtet sein –, nehmen Wildbienen und andere Insekten die Herberge gern an. Auch Nistkästen für Vögel und Fledermäuse bereichern den Garten, hingegen bleiben vorfabrizierte Hummelnester und Igelhäuser meist leer.

Ohnehin sollte man nicht dem Irrtum verfallen, dass allein planvoll angelegte Elemente der Schlüssel zur Vielfalt sind. Wichtiger als die schönste Trockenmauer ist ein fein austariertes Maß an Unordnung: gerade so viel, dass Betrachter (und nicht nur Sie selbst) den Garten noch als bewusst gestaltetes Stück Land wahrnehmen. Die im hintersten Eck aufgestapelten alten Betonsteine erfüllen denselben Zweck wie die Trockenmauer, kosten

FOTOGRAFIE Jürgen Becker (links unten)
FOTOGRAFIE Volker Michael (links oben und rechts)

FOTOGRAFIE Volker Michael **GARTEN** „Aan de Dijk", Jan Dijkstra **ORT** Oudeschip (Niederlande)

Farne und moderndes Holz sind ein Paradies für Amphibien. Auch zahllose Käfer leben im Totholz, das leider im Wald selten liegen bleibt.

aber nichts und ordnen sich optisch besser unter. Ein Turm aus Tontöpfen birgt Spinnen und Insekten, ein Haufen Laub bietet Igeln Schutz. Letztens hat sich bei mir ein Wespenvolk in einem vergessenen Folienbehälter voller Gehölzschnitt eingenistet.

Apropos, ein warnendes Wort: Natürlich quartieren sich in den Schlupfwinkeln, die Sie der Gartenfauna einrichten, nicht nur Kuscheltiere ein. Auch ungeliebte Nacktschnecken suchen dort Zuflucht, und wer beim Anblick eines Nagetiers in Ohnmacht fällt, sollte sich das mit dem Naturgarten vielleicht noch einmal überlegen. Die Mäuse, die an den Gemüseresten in meinem Kompostsilo knabbern, denken jedenfalls nicht daran, dezent zu verschwinden, wenn ich den Deckel öffne.

Der Komposthaufen ist übrigens eines der wichtigsten Garten-Habitate überhaupt. Die britischen Ökologen haben dokumentiert, dass sein Vorhandensein – im Gegensatz zum Brennnessel-Horst – die Anzahl der Tierarten signifikant erhöht. Glückliche beherbergen Blindschleichen oder Ringelnattern unter ihren Grünabfällen, weniger Privilegierte dürfen zumindest eine bunte Käfergesellschaft begrüßen: Mindestens 300 verschiedene Spezies tummeln sich in Englands Komposthaufen. Ihr angestammtes Revier haben diese Insekten in moderndem Holz, auf Aas und an anderen Orten der Verwesung – ökologische Nischen, die in der Natur immer seltener vorkommen. Auch deshalb sollte kein Garten auf einen Komposthaufen verzichten.

Es muss nicht immer Teak sein: Betagte Biergartenstühle und ein aus Holzresten gezimmerter Tisch passen nicht nur wegen ihrer rustikalen Ausstrahlung gut in den Naturgarten. Sie veranschaulichen auch, dass man alte Materialien einer neuen Bestimmung zuführen und damit die Umwelt entlasten kann.

NACHHALTIG GÄRTNERN Wir wünschen uns den Naturgarten als Oase zwischen Beton und Asphalt, und genau das soll er auch sein. Darin spiegelt sich die uralte Idee vom Garten als Hortus conclusus, einer von der turbulenten Welt abgeschotteten Zufluchtsstätte. So sehr uns dieses Bild zum Träumen anregen mag, sollten wir uns doch vergegenwärtigen, dass unser Sehnsuchtsort niemals in völliger Abgeschiedenheit existieren kann. Alles, was sich hier abspielt, hat Auswirkungen auf die Außenwelt.

Zunächst einmal sind das offensichtlich positive Effekte: Ein auch nur halbwegs gelungener Naturgarten wertet als Habitat die nähere Umgebung auf. Leider können gärtnerische Aktivitäten der Umwelt aber auch schaden und sich sogar in weit entfernten Winkeln der Welt destruktiv auswirken. Um keine Farce zu sein, sollte ein Naturgarten deshalb nach den Prinzipien der Nachhaltigkeit angelegt und gepflegt werden.

Vollkommen absurd wäre es schließlich, erst mit viel Mühe Lebewesen in den Garten zu locken und sie (oder ihre Nahrungsgrundlage) dann mit Pestiziden totzuspritzen. Deshalb dürfte wohl jeder Naturgärtner anstreben, auf chemische Pflanzenschutzmittel zu verzichten. Aber was heißt das eigentlich: chemisch? Sind wirklich nur die Mixturen aus den Reaktoren der Chemiekonzerne problematisch?

Der Markt hält eine erstaunlich große Palette an Spritzmitteln bereit, die unschädlich für die Umwelt sein sollen und zum Teil sogar im ökologischen Landbau Verwendung finden: Rapsöl gegen Läuse, der Extrakt des indischen Neem-Baums gegen saugende Insekten oder Kupferpräparate gegen Pilzerkrankungen. Hinzu kommen noch Hausmittel wie der Klacks Schmierseife ins Spritzwasser und ein wachsendes Sortiment von Nützlingen.

Was ist von solchen Mittelchen zu halten? Wie ich schon mehrfach betont habe, sehe ich den Naturgarten nicht als Austragungsort ideologischer Gefechte. Wenn beispielsweise Gallmilben Jahr für Jahr den größten Teil der Brombeeren ungenießbar machen oder die Lieblingsrose mehltaubestäubt dahinsiecht, mag man schon erwägen, im nächsten Jahr mit Schwefelbrühe vorzubeugen. Die Apokalypse im Ökosystem wird ausbleiben, Gallmilbe und Mehltau (vielleicht) auch. Trotzdem greift das Ausbringen eines Stoffes, der in elementarer Form praktisch nur bei Vulkanausbrüchen frei wird, in den Naturhaushalt ein. In größerer Konzentration schädigt Schwefel Marienkäfer und Raubmilben – also ausgerechnet nützliche Insekten, die Läusen und Spinnmilben nachstellen. So handelt man sich mit der chemischen Bekämpfung einer Plage womöglich die nächste ein.

Ähnliches gilt für alle „sanften" Pflanzenschutzmittel: Von manchen Nützlingen einmal abgesehen, bringen sie kaum je nur unerwünschte Organismen zur Strecke. Neem-Extrakt, aus Chrysanthemen gewonnenes Pyrethrum und auch die gute alte Schmierseife sind Killer, deshalb spritzt man sie ja, und jeder Feldzug hinterlässt Kollateralschäden. Folglich

FOTOGRAFIE Marianne Majerus **GARTENDESIGN** Sue and Peter Farrell **ORT** Northamptonshire (England)

FOTOGRAFIE Jürgen Becker GARTENDESIGN Piet Oudolf ORT Luxemburg

Kerzenknöterich (Bistorta amplexicaulis) und Silberkerze (Actaea ramosa 'Atropurpurea') sind robuste Stauden, die kaum je von Schädlingen heimgesucht werden.

sollte man auch vorgeblich harmlose Mittelchen, wenn überhaupt, nur wohlüberlegt einsetzen.

Durchschlagende Erfolge bei der Schädlingsbekämpfung erlebt man ohnehin selten; meist stehen Aufwand und Nutzen einer Sprühaktion in keinem überzeugenden Verhältnis. So habe ich in meinen Anfangsjahren noch eifrig mit der Seifenspritze Krieg gegen Läuse an Rose und Bauernjasmin geführt, bis ich aus Zeitmangel schließlich kapitulierte.

Seither zerquetsche ich nur noch gelegentlich Läusekolonien zwischen Daumen und Zeigefinger (eine interessante Nebenwirkung des naturnahen Gärtnerns ist das Sinken der Ekelschwelle). Viel geändert hat der Waffenwechsel indes nicht: Immer noch gibt es im Frühjahr viele Läuse, die im Sommer schlagartig verschwinden. Rose und Jasmin gedeihen weder besser noch schlechter als zuvor.

Pflanzenschutzmittel im Privatgarten sind also nicht nur ökologisch fragwürdig, sondern obendrein oft überflüssig; Abwarten heißt die sowohl umweltfreundliche als auch bequeme Alternative. Ohnehin ist die beste Methode, Schädlingen den Appetit zu verderben, die Wahl standortgerechter und robuster Pflanzen. Denn Läuse, Pilze und ihresgleichen suchen bevorzugt die ohnehin schwächelnden Gewächse heim: Eine Rose, die zu trocken steht, zieht den Mehltau an; der Jasmin im überdüngten Boden bildet üppige, aber weiche Triebe – ein Schlaraffenland für saugende und beißende Insekten.

Die Sibirische Schwertlilie (Iris sibirica) kommt trotz ihres Namens in Mitteleuropa vor, doch reicht ihr Verbreitungsgebiet tatsächlich bis zum zentralasiatischen Altai-Gebirge. In der Natur wächst sie auf sumpfigen Wiesen und benötigt auch im Garten viel Feuchtigkeit, um gut zu gedeihen.

Pestizide zu versprühen ist die zwar am weitesten verbreitete, aber keineswegs einzige Weise, als Gärtner der Umwelt zu schaden. Nachhaltigkeit bedeutet auch, die folgenden Aspekte zu berücksichtigen:

Wenig düngen Da die meisten Gartenböden ohnehin fruchtbarer sind, als es den meisten Stauden bekommt, kann man auf Kunstdünger getrost verzichten. Stickstoffbomben à la Blaukorn tragen nur dazu bei, die Nitratbelastung des Grundwassers zu erhöhen. Auch mit organischen Düngemitteln wie Rinderdung und Guano sollte man sich zurückhalten; zu üppig ernährte Pflanzen bleiben selten gesund.

Kein Holz aus Raubbau Wer daheim im Garten auf Naturerlebnisse hofft, legt vermutlich auch Wert auf den Schutz von Naturlandschaften anderswo. Deshalb sollte er keinesfalls Holz aus tropischen Regenwäldern oder aus Urwäldern nördlicher Breiten verwenden, sondern ausschließlich Bretter aus nachhaltiger, kontrollierter Forstwirtschaft, die man am Gütesiegel des „Forest Stewardship Council" (FSC) erkennt.

Baumaterialien aus der Region Da Transporte über weite Entfernungen viel Energie verbrauchen und so zur Klimaerwärmung beitragen, sind Erzeugnisse aus der Region vorzuziehen. Umso mehr gilt dies für schwere Güter wie Steinplatten. Die beste Ökobilanz weisen Recycling-Baustoffe auf, insbesondere, wenn man sie an Ort und Stelle vorfindet. Statt alte Mauersteine oder Platten in den Schuttcontainer zu entsorgen, lässt sich das Material häufig kreativ wiederverwerten.

Ein Großteil des heute angebotenen Natursteins stammt aus China und Indien, wo die Produzenten häufig nicht nur den Umweltschutz vernachlässigen, sondern sich ebenso wenig um Arbeitsrechte scheren. Wer beispielsweise Granitstufen aus Indien verlegen lässt, muss damit rechnen, dass Kinderhände an ihrem Abbau beteiligt waren. Mittlerweile existiert in der Branche ein Gütesiegel namens „XertifiX", das bei indischen Produkten Kinderarbeit ausschließen soll.

Kein Torf Zwar pflegt man den braunen Mull heutzutage nicht mehr flächendeckend zu verstreuen, doch bestehen die meisten handelsüblichen Blumenerden noch immer überwiegend aus Torf. Und dieser Torf stammt ausnahmslos aus der Zerstörung von Hochmooren, zumeist im Baltikum. Unwiederbringlich verlieren dort seltene Pflanzen und Tiere ihren Lebensraum. Ein Hochmoor wächst nur um etwa einen Millimeter pro Jahr; ist die Torfdecke einmal abgefräst, dauert es Jahrtausende, bis sie sich regeneriert hat. Obendrein heizt der Torfabbau das Weltklima auf, da intakte Moore wichtige Kohlenstoff-Speicher sind.

Achten Sie daher beim Kauf von Blumenerde auf die Zusammensetzung und entscheiden Sie sich für torffreie Produkte. Wer mag, kann selbstverständlich auch aus Kompost, Sand und lehmiger Gartenerde selbst ein umweltfreundliches Substrat mischen.

Bewusster Pflanzenkauf Auch Pflanzenzüchter verwenden Torf in großem Stil. Naturliebhaber sind daher gut beraten, Stauden und

FOTOGRAFIE Jürgen Becker GARTEN Peter Janke ORT Hilden (Deutschland)

FOTOGRAFIE Marianne Majerus GARTEN Elm Close ORT Warwickshire (England)

Nistkasten und üppig rankende Waldrebe (Clematis macropetala) bieten Vögeln reichlich Gelegenheit zur Familiengründung.

Gehölze nicht als Massenware im nächsten Baumarkt zu erwerben, sondern von Öko-Gärtnereien zu beziehen. Dank Internet lässt sich heute noch die ausgefallenste Pflanze in Bio-Qualität ausfindig machen. In der Regel unterstützt man damit kleinere, regionale Betriebe statt der Großhändler, die ihre Jungpflanzen oft aus Entwicklungsländern beziehen. Weitgehend unbemerkt produzieren nämlich ostafrikanische und kolumbianische Züchter neben Schnittblumen längst auch altvertraute Gartenstauden wie Margerite, Phlox und Immergrün.

LEITBILD LANDSCHAFT

FOTOGRAFIE Marianne Majerus **GARTENDESIGN** Acres Wild **ORT** Surrey (England)

FOTOGRAFIE Jürgen Becker GARTEN Privatgarten ORT Spanien

Schon Garten oder noch Landschaft? Diese Anlage interpretiert das Vorbild Streuobstwiese auf gelungene Weise.

Der Erdkröte ist es egal, wie ein Garten aussieht – Hauptsache, sie findet leckere Würmer und Schnecken sowie kühle, feuchte Winkel, wo sie sich verstecken kann. Ob der Steinhaufen, in dem sie sich einquartiert hat, nun unter Rhododendren oder im Schutz einer Wildrosenhecke verborgen ist, interessiert die Amphibie wenig. Der menschliche Betrachter hingegen, der sich nach Naturerleben sehnt, nimmt an den exotischen Sträuchern vermutlich Anstoß.

Womöglich weiß er gar nicht, dass gerade Rhododendren von der einheimischen Tierwelt weitgehend verschmäht werden – im Gegensatz zu manch anderem Gehölz fremder Herkunft. Doch selbst botanisch ungeschulten Menschen fällt auf, dass der Rhododendron seinen fantastischen Blüten zum Trotz nicht recht in einen Naturgarten passt: Er wirkt seltsam fehl am Platze.

Schließlich haben wir alle, auch die eingefleischten Stadtbewohner, unbewusste Vorstellungen im Kopf, wie mitteleuropäische Landschaften auszusehen haben. Gehölze mit eselsohrgroßen, immergrünen Blättern tauchen darin nicht auf.

Damit ein Garten nicht nur als Lebensraum vieler Tiere dient, sondern auch das Bedürfnis seiner Besitzer nach Natur stillt, sollte er diese inneren Bilder aufnehmen. Deshalb ist es hilfreich, charakteristische Landschaften Mitteleuropas näher anzuschauen und zu untersuchen, welche Pflanzen und Strukturen zu ihrem typischen Erscheinungsbild beitragen.

Effektvoll spielt dieser Garten mit dem Kontrast von frei wachsender Wiese und geschorenem Gras, von knorrigen Bäumen und geometrischer Skulptur. Solche Kontraste verstärken die Wirkung naturnaher Gartenteile und unterstreichen dezent, dass es sich nicht um vernachlässigten Wildwuchs handelt.

WIESE Für viele ist die Wiese geradezu der Inbegriff des Naturgartens. Im hohen Gras zu liegen, den Hummeln zu lauschen und die Wolken am Himmel vorüberziehen zu sehen, bedeutet Muße, Kontemplation, Einssein mit der Natur. Die Wiese lädt uns ein, in ihr zu versinken, ihr ganz nahe zu kommen.

Freilich bleibt sie dabei stets harmlos und überschaubar – anders als der Wald, der uns verschlingen und die Orientierung rauben kann. Hexen, Räuber und andere bedrohliche Märchengestalten tummeln sich daher stets im finsteren Tann, während auf Wiesen und Waldlichtungen Feen tanzen und Einhörner grasen.

Aus der Perspektive eines Kindes ist eine Wiese trotzdem ein abenteuerlicher Ort, vor allem, wenn Gras und Stauden brusthoch wachsen. Da kann man sich anschleichen, verstecken, „sponieren", wie meine Töchter ihre geheimen Missionen nennen. Ein Lieblingsspielplatz meiner Kindheit war die „Große Wiese", ein benachbartes Brachgrundstück, das aufgrund einer Erbstreitigkeit jahrzehntelang unbebaut blieb. In meiner Fantasie wurde sie zur Wildnis voller feindlicher Indianer.

Aber die Wiese ist nicht nur ein Refugium für die Seele, sondern ebenso für eine Fülle von Insekten. Da lauern Krabbenspinnen zwischen Blütenblättern, Falter gaukeln umher, Ameisen verrichten ihr Tagewerk. Sich ins Gras zu setzen und in aller Ruhe das wimmelnde Leben zu beobachten, kann aufregender sein als jeder Tierfilm im Fernsehen.

Obwohl Wiesen heute Brennpunkte der Biodiversität in Mitteleuropa sind, verdanken sie ihre Entstehung paradoxerweise menschlichem Zerstörungswerk: Im Mittelalter rodeten Siedler den Wald, um ihr Vieh zu weiden, und nach wie vor verhindert nur die jährliche Mahd, dass die Bäume ihr Territorium zurückerobern. Durch Düngung und Dränage ist die Fläche der Magerwiesen und Trockenrasen, der Feucht- und Streuobstwiesen jedoch alarmierend zurückgegangen – und mit ihnen die Vorkommen vieler Wildblumen und Insekten.

Nicht zuletzt deswegen liebäugelt fast jeder angehende Naturgärtner mit einer Wiese. Ihre emotionale und ökologische Bedeutung führt dazu, dass es oft der erste Schritt hin zu mehr Laisser-faire im Grünen ist, den Rasen wachsen lassen. Und das ist auf jeden Fall eine gute Entscheidung. Nur darf man die Erwartungen nicht zu hoch spannen: Eine bunte, vielfältige Blumenwiese wird sich auf diese Weise erst nach vielen Jahren einstellen – wenn überhaupt.

Der Grund ist einmal mehr die Fruchtbarkeit der meisten Gartenböden. Unter guten Wachstumsbedingungen – Sonne, reichlich Nährstoffe und Feuchtigkeit – sind Gräser in unseren Breiten einfach nicht zu schlagen. Nur wenige Blütenpflanzen haben gegen ihre Konkurrenz eine Chance. Dazu gehören die wohlbekannten Rasenunkräuter wie Löwenzahn und Gänseblümchen, dazu je nach Standort Pflanzen wie Wegerich, Weißklee, Wiesenkerbel, Greiskraut, Schafgarbe, Hahnenfuß und diverse Disteln.

FOTOGRAFIE Marianne Majerus **GARTENDESIGN** Marie-Jeanne Schumacher-Putz **ORT** Luxemburg

FOTOGRAFIE Jürgen Becker **GARTEN** Madelien van Hasselt **ORT** Nieuw- en St. Joosland (Niederlande)

Der Übergang von einer wiesenhaften Pflanzung zum Beet kann fließend sein. Eine solche Kombination von gelbem Fenchel, orangefarbenen Ringelblumen, blauem Borretsch (Borago officinalis) und himbeerroter Spornblume (Centranthus ruber) wird man in der Natur kaum finden. Trotzdem wirkt sie beschwingt und farbenfroh wie eine Wiese.

Aber selbst wenn ihr ehemaliger Rasen sich zunächst nur mit diesen Allerweltspflanzen schmückt, kann er einen reizvollen Anblick bieten. Jedes Frühjahr bin ich immer wieder überwältigt von der gelben Flut des Löwenzahns auf den Wiesen rund um unser Ferienhaus in der Uckermark. Wäre diese Pflanze nicht ohnehin allgegenwärtig, würden wir sie in unseren Staudenbeeten ansiedeln. Disteln, das gebe ich zu, können mit ihren Stachelblättern lästig fallen, gegen ihre rosavioletten Blütenkörbchen lässt sich hingegen wenig einwenden und Schmetterlinge lieben sie.

Wildpflanzen-Fans mag ein verwilderter Rasen dennoch eher als Sparversion einer Wiese erscheinen. Doch lässt sich diese mit etwas Geduld weiterentwickeln: Mäht man sie regelmäßig etwa dreimal im Jahr – zum Beispiel Ende Juni, im August und im Oktober – und harkt das Schnittgut penibel weg, verliert der Boden allmählich seinen Nährstoffüberschuss: Er magert ab. Das schwächt die Gräser und kommt den zarteren Blütenpflanzen entgegen.

Welche Flora sich letztendlich einstellt, hängt von den Bodenverhältnissen ab. Lassen Sie sich überraschen! Selbstverständlich können Sie der Vielfalt etwas nachhelfen und im Herbst Blumenzwiebeln, zum Beispiel Narzissen, Schneeglöckchen und Krokusse, setzen, bei feuchtem Boden auch die aparten Schachbrettblumen (*Fritillaria meleagris*).

Wer gern experimentiert, besorgt sich Samen robuster Wildblumen wie Margerite, Witwenblume oder Leimkraut und kultiviert sie in Topfplatten vor. Haben die Setzlinge einen ordentlichen Wurzelballen entwickelt, pflanzt man sie direkt in die Grasnarbe. Um ihnen den Start zu erleichtern, entfernt man ringsum etwas Gras und magert den Boden eventuell mit Sand ab. Dann heißt es abwarten: Nicht alles wird angehen, doch die eine oder andere Art sollte sich etablieren.

Diese „Wiese light" lege ich sowohl Romantikern als auch Pragmatikern ans Herz, weil ihre Anlage und Pflege wenig Arbeit macht. So bleibt viel Zeit, ihren Zauber zu genießen. Natürlich kommen Sie mit einem normalen Rasenmäher nicht mehr durch, aber da der Schnitt ja nur selten fällig ist, leiht man sich am besten bei Bedarf das geeignete Gerät aus – bei kleinen Flächen reicht eine Motorsense, bei größeren muss ein Balkenmäher her.

Sie wollen mehr? Seltene Blumen, gar den heiligen Gral der Wiesengärtner, die Orchidee? Tja. Dann kommen Sie auf die sanfte Tour nicht weiter, es sei denn, Ihr Garten zeichnet sich durch natürlicherweise unfruchtbaren, trockenen, kalkhaltigen Boden aus. Den findet man übrigens gar nicht so selten auf innerstädtischen Grundstücken, wo häufig Schotter und Kriegstrümmer den Untergrund durchsetzen. Nicht schlecht stehen Ihre Chancen auch, wenn Sie gerade einen Neubau bezogen haben und ihr künftiges Grün noch nackt, seines Mutterbodens beraubt, daliegt. In vielen Fällen eignet sich der mineralische Unterboden nämlich ganz gut als Wiesensubstrat.

Im Normalfall jedoch lässt sich der Magerwiesen-Traum nur unter Einsatz schweren Geräts verwirklichen: Es gilt, die oberen zehn bis zwanzig

Einheimische Rasen-Schmiele (Deschampsia cespitosa), Alpen-Schuppenkopf (Cephalaria alpina) und Eisenkraut (Verbena bonariensis) ergeben eine gelungene Wiesenpflanzung.

Zentimeter Mutterboden abzuschälen und entweder durch ein geeignetes Substrat zu ersetzen oder direkt den Unterboden für die Aussaat vorzubereiten. Ohne Bagger lässt sich das kaum bewerkstelligen. Die Muttererde können Sie abtransportieren lassen oder dazu nutzen, Ihr Gelände zu modellieren und zum Beispiel einen Wall anzulegen.

Vorsicht ist allerdings dann geboten, wenn die tieferen Bodenschichten schlecht durchlässig sind. Durch das Abtragen der Humusdecke entsteht eine Senke, in der sich Wasser sammelt, wenn eine Lehmschicht es am schnellen Versickern hindert. Gegebenenfalls muss man für zusätzliche Dränage sorgen.

Mir persönlich widerstreben derartige Baumaßnahmen; sie scheinen mir nicht recht zum Ideal eines naturnahen Gartens, der sich auf sanfte, organische Weise entwickelt, zu passen. Das Vorhandene aufzugreifen und daraus etwas Neues entstehen zu lassen, finde ich befriedigender.

Aber selbstverständlich steht es außer Frage, dass sich mit entsprechender Bodenvorbereitung fantastische Ergebnisse erzielen lassen. Wer sich eingehender mit der Anlage von Wiesen befassen möchte, dem empfehle ich das gleichnamige Buch des britischen Gartenidols Christopher Lloyd oder das leider nur auf Englisch erschienene Werk „Making Wildflower Meadows" von Pam Lewis, die in „Sticky Wicket", einem der schönsten Naturgärten Englands, mehrere artenreiche Blumenwiesen geschaffen hat.

FOTOGRAFIE Jürgen Becker **GARTEN** Peter Janke **ORT** Hilden (Deutschland)

Streuobstwiesen waren einst auf dem Land weit verbreitet. Die knorrigen Obstbäume boten vielen Tierarten wie dem Steinkauz Lebensraum und Nistgelegenheit. Weil sie heute unwirtschaftlich sind, wurden die meisten Streuobstwiesen zerstört. Im Naturgarten finden sie einen neuen Platz.

DER RICHTIGE RAHMEN Eine Wiese benötigt ein Minimum an Raum, um eine Wirkung zu erzielen. Es fällt schwer, eine Untergrenze anzugeben, aber die von Naturschützern oft empfohlenen „paar Quadratmeter" in irgendeiner Ecke schaffen nicht die gewünschte Atmosphäre – auch wenn jedes Fleckchen hohen Grases einen Gewinn für die Tierwelt darstellt. In größeren Gärten lässt sich häufig ein Stück Land für die Wiese reservieren. Das kann auch der Vorgarten oder ein Streifen seitlich des Hauses sein. Wer nur ein kleines Grundstück bestellt, sollte sich lieber ganz auf das Thema Wiese konzentrieren.

Zuvor muss man sich jedoch klarmachen, dass eine Wiese vom mitteleuropäischen Typ ihren Höhepunkt im Frühsommer erlebt. Danach sieht sie zunehmend struppig aus und spätestens im August ist der erste Schnitt fällig. Den Rest des Jahres über wirkt das Idyll – nun ja, langweilig. Gerade im kleinen Garten kann das natürlich nicht befriedigen.

Ohnehin macht ein Teppich, selbst wenn es sich um eine Tapisserie aus erlesenen Wildblumen handelt, noch keinen Garten: Es fehlt die dritte Dimension. Obwohl die meisten Wiesenkräuter volle Sonne lieben, würde ich mir deshalb stets eine Streuobstwiese zum Vorbild nehmen und das Bild um zwei oder drei Obstbäume bereichern. Sie geben dem Ganzen Höhe und sorgen dafür, dass der Garten dem Auge (und dem Gaumen) auch im Herbst und Winter etwas bietet. Ideal eignen sich Apfelbäume; wer nicht so viele Früchte verwerten kann oder sich vor faulendem Fallobst fürchtet, ist mit Zieräpfeln gut bedient. Oder wie wäre es mit Mispeln? Einheimische Kirschbäume benötigen mehr Platz und sind anspruchsvoller, aber wunderschön.

Bonbonrosa gefüllte Zierkirschen hingegen halte ich für eine Geschmacksverirrung, aber das ist natürlich Ansichtssache. Nur bitte: Vermeiden Sie die Sorte 'Kanzan'. Mit ihrer steifen Trichterform sieht sie absolut grauenhaft aus. Im Handel gibt es schöne, einfach blühende und mäßig stark wachsende Sorten der Japankirsche wie 'Shirotae'.

Die Bäumchen auf Ihrer Streuobstwiese sollen sich schließlich durch einen gefälligen Wuchs auszeichnen und ihre Kronen zudem so licht sein, dass genügend Sonne den Boden erreicht. Wählen Sie in jedem Fall Hoch- oder wenigstens Halbstämme. Buschbäume passen nicht recht ins Bild: Unter ihren tief hängenden Ästen kann man an heißen Sommertagen schlecht dösen und eine Hängematte lässt sich an ihnen auch nicht gut befestigen.

Weiter verlangt Ihre Wiese nach einem Rahmen. Wo sich ansprechende, im Stil harmonierende Nachbargrundstücke anschließen, reicht ein schlichter Lattenzaun aus. Um den Anblick von Immergrünen, Sichtschutzelementen oder Hüpfburgen auszusperren, bedarf es wohl einer Hecke.

Idealerweise pflanzt man eine frei wachsende Hecke mit einem hohen Anteil mitteleuropäischer Gehölze; bei begrenztem Platz funktioniert auch eine Schnitthecke. Ich würde Hainbuchen wählen, deren zartes Grün – im Gegensatz zum düsteren Ton von Liguster oder Eibe – an natürliche

FOTOGRAFIE Marianne Majerus GARTEN Privatgarten ORT Britzingen (Deutschland)

FOTOGRAFIE Philippe Perdereau **ORT** Le Jardin Plume, Auzouville-sur-Ry (Frankreich)

Der „Jardin Plume" in der Normandie entstand auf einer alten Apfelplantage, die einst Rohstoff für Cidre lieferte. Ein Raster aus gemähten und frei wachsenden Grasflächen verleiht der Obstwiese einen zeitgenössischen Touch. Der quadratische Spiegelteich vollendet die kunstvolle und doch naturnahe Anlage.

Wiesenraine denken lässt. Reizvoll wirken Hecken, die zu wellenförmig-organischen Gebilden gestutzt sind, doch braucht man für diese kreative Schnitttechnik ein Händchen.

Aber eine klassisch-strenge Kastenform passt ebenfalls gut zu hohem Gras, da der Kontrast von Wildwuchs und Geometrie die natürliche Wirkung der Wiese steigert und zugleich betont, dass es sich um eine gewollte Inszenierung handelt. Deshalb verfehlen auch gemähte Wege im hohen Gras nie ihre Wirkung.

Ein wunderbares Beispiel für eine gärtnerisch gestaltete und dennoch naturnah-zwanglos wirkende Obstwiese birgt der „Jardin Plume" unweit von Rouen in der Normandie. Hier haben die Besitzer Sylvie und Patrick Quibel ein quadratisches Raster aus kurz gehaltenen Rasenwegen und hohem Gras über eine alte Apfelplantage gelegt. Jeder der in Reih und Glied wachsenden Bäume steht im Mittelpunkt einer Wegkreuzung, eines der Wiesenquadrate ist durch ein ebenfalls viereckiges, flaches Wasserbecken ersetzt. Selten habe ich ein so perfektes Zusammenwirken von Natur und Gestaltungswillen erlebt.

Eine interessante Einfriedung einer Wiese ist ein Wall, den man aus besagter abgetragener Muttererde aufschüttet. Er kann mit kurz gemähtem Gras (Motorsense!) bewachsen als geometrisches Element dienen oder mit einer Hecke gekrönt für tadellosen Sichtschutz sorgen. Allerdings dürfen die Sträucher nicht so hoch werden, dass sie große Teile der Wiese der Sonne berauben. Überhaupt sind die Schatten, die Hecken und umliegende Gebäude werfen, ein maßgeblicher Faktor, der die Mindestgröße der Wiese bestimmt. Kurz gesagt: Wenn Ihr Grundstück so ungünstig geschnitten ist, dass der überwiegende Teil Ihrer Wiese viele Stunden lang im Schatten liegen würde, blättern Sie besser weiter zum nächsten Kapitel „Wald".

Fröhlich bunt leuchtet eine sogenannte Annuellenwiese aus einjährigen Sommerblumen. Im Gegensatz zur echten Wiese, die größtenteils aus mehrjährigen Pflanzen besteht, muss man diese Pflanzung Jahr für Jahr neu ansäen. Wegen des Arbeitsaufwands bietet sie sich eher für kleinere Flächen an.

DIE ANNUELLENWIESE Nicht immer muss der Bagger anrollen. Mit einem Trick lässt sich auch eine fruchtbare Scholle binnen Wochen in einen Blumenteppich verwandeln: Annuellenwiese heißt das Zauberwort. Annuellen sind nichts anderes als einjährige Sommerblumen, wie man sie von den knallfarbenen Beeten in Parks und Bauerngärten kennt. Optisch ist der Übergang von der Annuellenwiese zur Sommerblumenrabatte denn auch ein fließender, allerdings pflegt man die Wiese anzusäen, um Kosten zu sparen. Je nach Zusammenstellung des Saatguts können sich sehr unterschiedliche Bilder ergeben.

Man stellt seine Wunschwiese entweder selbst aus sortenreinen Blumensamen zusammen oder greift auf geeignete Saatgutmischungen im Handel zurück. So hat die Bayerische Landesanstalt für Weinbau und Gartenbau in Veitshöchheim verschiedene Mixturen erprobt, die vor allem auf öffentlichen Grünflächen zum Einsatz kommen, sich aber auch für den Hausgarten eignen. Diese „Wiesen" bestehen größtenteils aus unkomplizierten Sommerblumen wie Kosmee, kleinblütiger Tagetes oder Ringelblume, sodass sie relativ bunt und beetartig wirken.

Einen natürlicheren Eindruck machen Mischungen, die sich an der sogenannten Ackerbegleitflora orientieren: Kornblume, Klatschmohn und Hundskamille prägen das Bild in leuchtendem Rot-Weiß-Blau, Kornrade und Saat-Wucherblume sorge für Kleckse in Kontrastfarben. Ohnehin folgt die Annuellenwiese eher dem Vorbild eines Ackers, den der Bauer jährlich aberntet und pflügt, als einer Heuwiese mit ausdauernden Pflanzen, die abgesehen von der sommerlichen Mahd und gelegentlicher Beweidung ungestört bleibt. Die klassischen Ackerunkräuter, die noch Mitte des 20. Jahrhunderts überall auf den Feldern prangten, gedeihen nur dort, wo der Boden regelmäßigen Störungen unterworfen ist. Kornblume & Co. nutzen die Gunst der Stunde, keimen, wachsen und blühen schnell, bevor Gras und Stauden ihnen den Platz streitig machen. Bleibt der Pflug aus, sind sie alsbald verschwunden.

Daraus folgt, dass eine Annuellenwiese nicht gerade zu den pflegeleichtesten Anlagen im naturnahen Garten gehört. Damit nicht unerwünschte Gewächse statt hübscher Blumen das Bild dominieren, ist eine gründliche Bodenvorbereitung samt Entfernung aller Wurzelunkräuter Pflicht. (Kein Gartenbuch kommt ohne diesen Hinweis aus, obwohl Letzteres in der Praxis oft ein frommer Wunsch bleibt.)

Um einjährige Unkräuter in Schach zu halten, empfehlen die Veitshöchheimer, die ganze Wiese mit einer biologisch abbaubaren Mulchfolie abzudecken, auf die man dann das eigentliche Substrat aufbringt. Die Folie (eine mehrlagige Schicht Zeitungspapier funktioniert ebenso gut) verrottet im Laufe der Zeit, verhindert aber, dass Samen aus dem darunter liegenden Boden auflaufen. Die klassische Methode verlangt, nach dem Umgraben und Harken zwei oder drei Wochen abzuwarten, gekeimte Unkräuter mit der Hacke zu entfernen, wieder zu harken und erst dann auszusäen.

FOTOGRAFIE Jürgen Becker **GARTEN** Schloss Dyck **ORT** Jüchen (Deutschland)

FOTOGRAFIE Marianne Majerus **GARTENDESIGN** Graham Gough **ORT** East Sussex (England)

In einer Wiesenpflanzung zieht ein Lampenputzergras (Pennisetum villosum) den Blick auf sich. Doldenblütler unterstreichen den naturnahen Charme.

Beide Varianten bedeuten ziemlich viel Arbeit, zumal man die Aussaat in den ersten Wochen gewissenhaft feucht halten muss, bis sich die Jungpflanzen etabliert haben. Dann allerdings darf man sich zurücklehnen und – bei entsprechender Sortenauswahl – den ganzen Sommer über, oft bis zum ersten Frost, das farbige Spektakel samt Bienengesumm genießen.

Trotzdem kann ich mir schwer vorstellen, dass jemand Lust hat, jährlich eine weitläufige Annuellenwiese anzulegen – es sei denn, er beschäftigt einen hauptamtlichen Gärtner. Gut eignet sich diese Variante hingegen als Zwischenspiel, wenn etwa ein kahler Neubaugarten schnell zu begrünen ist oder man ein neues Beet abgestochen hat, sich aber über dessen künftige Bepflanzung noch nicht im Klaren ist.

Da man bei Annuellenwiesen zumeist auf Gräser verzichtet, leuchten sie wesentlich farbintensiver als „echte" Wiesen und machen deshalb auch auf kleineren Flächen Eindruck. Warum also nicht einen Weg mit Randstreifen aus Ackerwildkräutern säumen oder einen handtuchgroßen Vorgarten mit von Jahr zu Jahr wechselnden Sommerblumenmischungen verschönern? Der Charakter einer wogenden Wiese, die zum Picknick einlädt, lässt sich so zwar nicht erzielen, dafür bleibt auf derart überschaubaren Flächen der Aufwand im Rahmen. Lassen Sie sich von Feldsäumen und Wegrändern inspirieren und experimentieren sie. Fehler können Sie im nächsten Jahr leicht korrigieren. Der Reiz der Annuellenwiese liegt nicht zuletzt darin, dass man immer wieder neue Bilder schaffen kann.

Farbenfroh und üppig, aber viel wilder als eine herkömmliche Staudenrabatte wirkt diese Präriepflanzung mit Wasserdost (Eupatorium purpureum), Virginischem Ehrenpreis (Veronicastrum virginicum) und verschiedenen Astern. Eine natürliche Prärie enthielte allerdings weitaus mehr Gräser.

DIE PRÄRIE Kein Zweifel, die Prärie liegt im Trend. Allüberall macht sie sich in Parks und Gartenschauen breit, nur die Indianer fehlen noch. Wohl niemand hat diesen Stil so populär gemacht wie der niederländische Gartengestalter Piet Oudolf, der mit Projekten wie der 120 Meter langen Doppelrabatte im britischen Schaugarten Wisley oder der High-Line-Bahntrasse in New York zum internationalen Stauden-Star avanciert ist. Präriepflanzen wie Purpursonnenhut (*Echinacea purpurea*), Prachtscharte (*Liatris spicata*) und Gräser fehlen so gut wie nie in Oudolfs Anlagen; oft setzt er kühn mannshohe Gewächse wie die Weidenblättrige Sonnenblume (*Helianthus salicifolius*) oder den Riesen-Sonnenhut (*Rudbeckia maxima*) ein. In Deutschland hat Cassian Schmidt am Sichtungsgarten Hermannshof in Weinheim Pionierarbeit geleistet und Inspirationen für die Verwendung von Präriestauden geliefert.

Mitunter stellt sich zwischen all den Gräsern und Sonnenhüten zwar ein Déjà-vu-Gefühl ein, grundsätzlich erfreut sich die Prärie ihrer Beliebtheit aber zu Recht: In Blüte sehen solche Pflanzungen eigentlich immer fantastisch aus – und kein anderer Gartenstil erzeugt so schöne Herbst- und Winterbilder.

Freilich gilt inzwischen fast jedes zwanglose, mit ein paar Ziergräsern durchsetzte Staudenbeet als Prärie. Höchste Zeit also, der eigentlichen Bedeutung dieser magischen Vokabel nachzugehen. Grundsätzlich bezeichnet der Begriff das schier endlose Grasland, das sich einst im Mittleren Westen Nordamerikas ausdehnte. Es handelt sich jedoch nicht um eine homogene Pflanzengesellschaft: Im Westen, im Regenschatten der Rocky Mountains, sind die Böden karg und trocken. Hier wächst die artenreiche, wenn auch etwas schüttere Kurzgrasprärie, die Ähnlichkeit mit der osteuropäische Steppe hat. Wie ihr Name nahelegt, wird sie kaum höher als einen Meter.

Je weiter man nach Osten kommt, desto feuchtere Böden trifft man an. Hier, in fruchtbaren Senken oder im Überschwemmungsgebiet großer Flüsse, gedeiht die Hochgrasprärie, eine ebenfalls vielfältige und in ihrer Üppigkeit überwältigende Vegetationsform. Leider muss es korrekt heißen: Sie gedieh, denn das natürliche Vorkommen dieser spektakulären Pflanzengesellschaft ist heute auf ein Hundertstel seiner einstigen Ausdehnung geschrumpft. Glücklicherweise bemühen sich US-Naturschützer in den letzten Jahren intensiv um die Wiederherstellung vernichteter Prärielandschaften.

Diese Hochgrasprärie ist es, die in Europas Gärten und Grünanlagen eingezogen ist. Denn sie verträgt, ja braucht nährstoffreiche Böden – ganz anders als das Gros der heimischen Wildpflanzen – und setzt sich deshalb entschlossen gegen Unkräuter zur Wehr. Abgesehen von diesem eher praktischen Vorzug fasziniert sie durch ihre unbändige Fülle: Fast alle Vertreter dieser Pflanzengesellschaft reichen uns bis zur Taille, viele wachsen uns sogar über den Kopf. Das vermittelt dem Betrachter ein Naturerlebnis,

FOTOGRAFIE Marianne Majerus GARTENDESIGN Chris Ghyselen ORT Oedelem-Beernem (Belgien)

FOTOGRAFIE Jürgen Becker GARTEN In Goede Aarde ORT Biervliet (Niederlande)

Im Spätsommer, wenn Gräser, Echinacea purpurea, Wasserdost (Eupatorium purpureum), Fette Henne (Sedum) und andere Stauden ihren Blütenhöhepunkt erreichen, versinkt der Spaziergänger fast in dieser prachtvollen Pflanzung mit Präriecharakter, in die sich europäische und asiatische Pflanzen zwanglos einfügen.

das es bisher in der europäischen Gartentradition so nicht gab: hautnah und auf Augenhöhe der Vegetation zu begegnen, sich von ihr verschlucken zu lassen. So macht die Prärie uns wieder zu Kindern, gibt uns das Gefühl, wie der Däumling aus dem Märchen in ein Land der Riesen geraten zu sein.

Allein wegen dieser Empfindung intensiver Naturnähe verdient die Prärie einen Platz im Naturgarten, auch wenn sie sich an einem nichteuropäischen Vegetationstyp orientiert und überwiegend auf eingeführten Arten basiert. In ländlichen Regionen mag sie deplatziert wirken, in der Stadt hingegen spricht auch aus ökologischer Sicht nichts gegen einen Wildwest-Garten: Die meisten typischen Prärieblumen sind erstklassige Nektarquellen und viele, wie der Sonnenhut, versorgen zudem die Vogelwelt mit Samenfutter.

Ein weiterer Pluspunkt von Präriepflanzungen ist der minimale Pflegeaufwand: Einmal etabliert, machen sie kaum noch Arbeit. Ich habe in meinem Berliner Garten auf gut 20 Quadratmetern eine Mini-Prärie angelegt, die nun seit fünf Jahren einwandfrei funktioniert. Die Hauptarbeit besteht darin, im Spätwinter die Überreste des Vorjahrs abzuräumen – und zwar rechtzeitig, bevor die Zwiebelblüher ihre Nase aus der Erde stecken. Wer einen Schredder besitzt, kann die Halme und Stängel häckseln und als Mulch wieder zwischen den Stauden verteilen.

Unkraut ist in meinem Präriebeet praktisch kein Thema, solange ich nicht auf Händen und Knien nach dem Behaarten Schaumkraut fahnde, das dort unter einem dichten Blätterdach sein Underdog-Dasein fristet. Nur die Vermehrung einiger Stauden und vor allem der Zweijährigen gilt es ein wenig zu steuern.

Zweijährige? Eigentlich haben diese in einer naturgetreu bepflanzten Prärie wenig zu suchen. Trotzdem hat sich die Kombination mit Fingerhut (*Digitalis*), Wilder Karde (*Dipsacus fullonum*), Nachtviole (*Hesperis matronalis*) und der ebenfalls eher kurzlebigen Akelei (*Aquilegia*) bei mir bestens bewährt. Denn der eine große Nachteil der Prärie ist es, dass sie spät blüht – vor Juli öffnen nur weniger Gewächse ihre Knospen und so richtig in Gang kommt die Veranstaltung erst im August. So sorgen die Zweijährigen für Farbe im Frühsommer und tragen wesentlich dazu bei, dass sich das Bild der Pflanzung von Jahr zu Jahr wandelt. Sie keimen, wo immer sich eine Lücke aufgetan hat, vielleicht weil schon wieder einer *Echinacea* die Luft weggeblieben ist (ausgerechnet die vielleicht schönste Präriestaude verträgt nämlich Konkurrenz gar nicht so gut).

Gartenexperten empfehlen häufig, Präriestauden mit Geophyten, also Zwiebelblumen zu kombinieren, um den Saisonbeginn vorzuverlagern. Bei eher steppeartigen Pflanzungen klappt das gut; ich habe auf meiner kleinen, aber hochwüchsigen Prärie allerdings die Erfahrung gemacht, dass Tulpen und auch Narzissen nach wenigen Jahren verschwinden. Vermutlich beschatten die großblättrigen Stauden das Laub der Zwiebelblüher zu früh, sodass sie keine Nährstoffreserven für das folgende Jahr bilden können.

Im Frühjahr fallen die Sonnenstrahlen noch bis auf den Waldboden und manche Bäume schmücken sich mit einem weißen oder rosa Blütenschleier. Später im Jahr wird die Bank dann zum kühlen, lauschigen Sitzplatz unter dem dichten Blätterdach.

WALD Gäbe es in Mitteleuropa keine Menschen, wären große Teile der Landschaft mit Wald bedeckt. In Deutschland dominierte an den meisten Standorten die Buche, auf trockeneren Böden gediehen Eichen und Kiefern, in Höhenlagen Fichten und Tannen. Seit der Jungsteinzeit bestimmte der Kampf gegen diese Wälder das Leben der Menschen, denn fruchtbare, unbewaldete Ebenen waren knapp und schnell vergeben.

So war der Garten, der Wildnis abgerungen und liebevoll gepflegt, in unseren Breiten von Anbeginn an die Antithese zur natürlichen Vegetation, dem Wald. Vielleicht ist das der Grund, warum die meisten Gartenbesitzer nicht einmal im Traum daran denken würden, ihr grünes Reich in einen Wald zu verwandeln.

Außerdem bedeutet Wald ja Schatten und schattigen Gärten hängt der Ruf nach, unwirtlich, schwierig und bar aller Blüten zu sein. Das freilich stimmt nicht, wie jeder weiß, der je im Frühling durch einen halbwegs intakten Laubwald spaziert ist: Da dehnen sich endlose Teppiche von Anemonen, auch Buschwindröschen genannt, dazwischen Primeln, Veilchen und Lungenkraut. Sie alle blühen, solange das kahle Geäst noch ausreichend Licht auf den Boden einfallen lässt. Schließt sich im Frühsommer das Laubdach, ziehen sich die Buschwindröschen in die Erde zurück und überstehen so die schummrigen, trockenen Sommermonate.

Auch ein Waldgarten erlebt seinen Blütenhöhepunkt im Frühling; im Sommer dominiert das Grün in all seinen Nuancen, während im Herbst noch einmal der ganz große Farbenrausch des bunten Laubs ansteht. Natürlich werden die wenigsten Gärtner so viel Platz haben, dass sie ernsthaft daran denken könnten, Buchen und Eichen zu pflanzen. Zählen Sie zu den seltenen Glückspilzen mit Parkgrundstück, zögern Sie nicht: Die Schönheit dieser vermeintlich so gewöhnlichen Waldbäume hält locker mit jedem exotischen Ziergehölz mit.

Aber ein Waldgarten lohnt sich nicht nur auf großer Fläche. Es mag auf den ersten Blick absurd klingen, einen kleinen Stadtgarten im Laubschatten versinken zu lassen, doch spricht einiges dafür: Schattig wäre dieser Garten ja nur im Sommer, während die Bäume im Winter, wenn jeder Sonnenstrahl kostbar ist, das Licht passieren ließen. In den heißen Monaten hingegen spenden Bäume nicht nur willkommenen Schatten, sondern schützen zugleich vor Blicken von oben. Gerade bei dichter Bebauung ist das ein unschätzbarer Vorteil.

Wer sich für einen Waldgarten entscheidet, verzichtet zwar auf all das Gesumm und Geschwirr, das wiesenartige Pflanzungen so unwiderstehlich macht. Den Schluss zu ziehen, dass ein schattiger Garten voller Gehölze ökologisch weniger bietet, wäre jedoch verfehlt. Vielmehr wimmelt er von Leben, das sich nur weniger leicht beobachten lässt als Hummeln und Falter. Die Arteninventur der bereits erwähnten britischen Gartenforscher ergab, dass die Zahl der Tierspezies deutlich zunimmt, wo große Gehölze gedeihen. Von allen Einflüssen, die Ken Thompson und seine Kollegen

FOTOGRAFIE Marianne Majerus **GARTENDESIGN** Cassian Schmidt **ORT** Weinheim (Deutschland)

FOTOGRAFIE Marianne Majerus GARTEN Olivers ORT Essex (England)

Ein Meer aus blassblauen Atlantischen Hasenglöckchen (Hyacinthoides non-scripta) verzaubert im Frühling ein lichtes Wäldchen.

untersuchten, hatten Bäume sogar den stärksten positiven Effekt auf die biologische Vielfalt im Garten!

Das verwundert nicht, bieten doch Bäume mit ihrer Rinde und ihrer Krone eine gewaltige Oberfläche, auf der sich das Leben tummeln kann: Vor allem Käfer, Spinnen, Raupen, solitär lebende Bienen und Wespen führen hier ihr verstecktes Dasein. Den feuchten Schatten unter dem Laubdach lieben Bodenbewohner wie Würmer, Laufkäfer, Tausendfüßler, Springschwänze und, ja, auch Schnecken. Diese Kleintiere wiederum sind Futter für Vögel, Igel und diverse Kleinsäuger. Wo Nüsse oder Zapfen zu holen sind, stellen sich Eichhörnchen ein. Und schichtet man in geschützten Winkeln Holz- und Reisigstapel auf, wird der Waldgarten auch Amphibien anlocken – vorausgesetzt, sie kommen in der näheren Umgebung vor.

Der grafische Reiz der schwarz-weiß gemusterten Birkenstämme kommt vor einer immergrünen Hecke besonders gut zur Geltung.

NUTTERY UND BIRKENWALD Da echte Waldbäume auf kleinen Grundstücken keine Option sind, will man sich nicht den Ärger der Nachbarschaft zuziehen, gilt es, den mitteleuropäischen Laubwald in eine gartentaugliche Variante zu übersetzen. Ein Vorbild dafür könnte die sogenannte Nuttery sein. Wenn Sie je den berühmten Garten von Sissinghurst besucht haben, kennen Sie wahrscheinlich die schnurgeraden Reihen von Haselnussbüschen, zwischen denen der Besucher flanieren kann.

Im Frühjahr liegt ihm dabei ein schillerndes Gewirk aus Primeln, Veilchen und Zwiebelblühern zu Füßen, das die Nuttery zu dieser Jahreszeit zur Hauptattraktion macht. Später stehlen andere, spektakulärere Anlagen diesem Gartenteil die Schau. Doch früher oder später zieht es jeden Besucher hierher, ermüdet vom Blütenreigen der Staudenrabatten, und er erholt sich im lauschigen Grün von der Reizüberflutung.

Das Modell Nuttery passt aber nicht nur in herrschaftliche Parks, sondern ist wie gemacht für einen langen, schmalen Reihenhausgarten: Links und rechts eine Reihe Haselnusssträucher (oder ähnlich aufrecht wachsende Großsträucher), bei sehr schmalen Grundstücken reicht auch eine zickzackartig versetzt gepflanzte Reihe. Wichtig ist, dass man sich auf einem Pfad durch die Gehölze, unter dem Laubdach hindurch, bewegen kann. Dieser Weg könnte auf eine kleine Lichtung mit einem Sitzplatz führen, eingerahmt von einer Waldrandpflanzung. Ein Wasserbecken macht die Atmosphäre perfekt.

FOTOGRAFIE Jürgen Becker **GARTEN** Locus Flevum **ORT** Lelystad (Niederlande)

FOTOGRAFIE Marianne Majerus GARTEN Worlington House ORT Devon (England)

Die Ramblerrose 'Mannington Mauve' verzaubert mit ihrer rotvioletten Blütenfülle einen alten, teilweise bereits abgestorbenen Baum.

(*Cornus sanguinea*) oder die immergrüne Stechpalme (*Ilex aquifolium*). Alle vier setzen Beeren als Vogelfutter an, aber Vorsicht: Die verlockend roten Ilex-Früchte sind hochgiftig!

Hübsch wäre es zudem, Kletterpflanzen in das Ensemble zu integrieren. Bewegen Sie einen Efeu – oder für Fortgeschrittene: eine kleinblumige *Clematis* – dazu, in den Baum hineinzuranken, um ihn stärker in die Gestaltung einzubinden. Pflanzen Sie dazu die Kletterpflanze in ausreichender Entfernung vom Stamm und leiten Sie die Triebe mit Drähten oder Schnüren ins Geäst.

Unter den Gehölzen finden trockenheitsverträgliche Schattenpflanzen ihren Platz, zum Beispiel Wurmfarn (*Dryopteris affinis*), Hainsimse (*Luzula sylvatica*), verschiedene Storchschnäbel (*Geranium*) und Seggen (*Carex*), dazu Elfenblumen, Maiglöckchen (*Convallaria majalis*), Anemonen (*Anemone nemerosa*) und Nessel-Glockenblumen (*Campanula trachelium*) – und natürlich Krokusse, Blausternchen, Narzissen und andere anpassungsfähige Zwiebelblüher. Vergessen Sie nicht, zwischen dem Grün ein paar dekorative Äste, Baumwurzeln oder Holzstücke vermodern zu lassen – ein Wald ohne Totholz ist kein Wald!

Am Waldrand fühlt sich der Fingerhut (Digitalis purpurea) wohl. Die zweijährige Pflanze stirbt nach der Blüte ab, sorgt jedoch für reichlich Nachwuchs. Die feinen Samen keimen stets dort, wo ein Stückchen Boden offen liegt, sodass Jahr für Jahr neue, überraschende Bilder entstehen.

WALDRAND UND HECKE Übergänge zwischen zwei Ökosystemen sind besonders vielfältig und artenreich, da sich dort Vertreter beider Vegetationstypen mischen. Das gilt auch für den Waldrand, der ein besonders reizvolles Modell für die Gartengestaltung abgibt. Waldrandartige Pflanzungen finden sich ohnehin bereits in vielen Gärten: Ein Staudenbeet, das auf der Rückseite an Sträucher oder eine Hecke grenzt, kommt den natürlichen Standortbedingungen nahe.

Eine frei wachsende Hecke mit einem Staudensaum, der allmählich in eine Wiese übergeht, benötigt Platz, zählt aber zu den schönsten Landschaftsformen, die sich im naturnahen Garten nachempfinden lassen. Zugleich bildet sie ein fantastisches Habitat, das Vögel, Igel und allerhand Kleinsäuger anlockt.

In der Regel pflanzt man eine Hecke als Begrenzung, vielleicht an der Rückseite des Gartens. Wer viel Platz hat, könnte sie jedoch ebenso nutzen, um sein Grundstück zu unterteilen. Diese Variante hat den Charme, dass auf der besonnten und der absonnigen Seite der Hecke zwei verschiedene Lebensräume entstehen, die sich mit unterschiedlichen Pflanzen gestalten lassen. Muss man sich mit einem davon begnügen, sollte man die Hecke nach Möglichkeit so anlegen, dass die Sonnenseite dem Garten zugewandt ist, denn sie lässt sich abwechslungsreicher bepflanzen.

Bei der Auswahl der Gehölze würde ich, wie in Kapitel 2 „Die Prinzipien des Naturgartens – Sinnvolle Pflanzenauswahl" erklärt, grundsätzlich mitteleuropäischen Arten den Vorzug geben; je länger die Hecke ist, desto eher kann man sich erlauben, den einen oder anderen Zierstrauch aus Asien oder Nordamerika einzufügen. Viele einheimische Gehölze wie Weiß- und Kreuzdorn, Wildrose, Schlehe und Berberitze besitzen Dornen und bieten erstklassige, sichere Nistgelegenheiten für brütende Vögel – und obendrein Früchte als Herbst- und Winterfutter.

Im Frühsommer besticht eine solche Hecke mit dem weißen Schaum ihrer Blüten. Als Blickfang in diesem reizvollen, aber etwas diffusen Bild ließen sich beispielsweise großblumige Rosen einsetzen: Viele alte Sorten wie 'Louise Odier' oder 'Königin von Dänemark' sind konkurrenzstark genug, um sich gegen andere Gehölze zu behaupten, wenn sie nur genug Sonne bekommen. Moderat wachsende Rambler-Rosen könnten in größere Heckensträucher hineinranken. Im Juli und August sorgen spät blühende *Clematis,* etwa Sorten der Italienischen Waldrebe (*C. viticella*) oder die gelbe *C. tangutica,* für Farbe, später dann leuchtend rote Hagebutten, die eigentümlichen pink-orangefarbenen Früchte des Pfaffenhütchens (giftig!) und andere Beeren.

Bei der Bepflanzung des besonnten Staudensaums darf man hemmungslos aus dem Vollen schöpfen, denn dieses Habitat sagt vielen dekorativen Gartenpflanzen zu. Auf keinen Fall fehlen dürfen die Klassiker Glockenblume (*Campanula*), Sterndolde (*Astrantia*), Storchschnabel (*Geranium*), Fingerhut (*Digitalis*) und Akelei (*Aquilegia*). Besonders schön und

FOTOGRAFIE Jürgen Becker GARTEN Peter Janke ORT Hilden (Deutschland)

Auch zu Füßen einer Schnitthecke herrschen Verhältnisse wie am Waldrand. Hier gedeiht eine verlockende Fülle schöner Pflanzen.

natürlich wirken sie in Kombination mit duftigen, weißen Doldenblütlern, die für den Garten leider häufig entweder zu kurzlebig oder zu ausbreitungsfreudig sind (oder beides). Einen Versuch wert ist die Süßdolde (*Myrrhis odorata*) mit ihren aromatischen, nach Lakritz schmeckenden Blättern.

Wer etwas üppigere Blüten liebt, kann mit ein bisschen Extra-Fürsorge in einen sonnigen Heckensaum auch Beetstauden wie Pfingstrosen, Taglilien und Phlox integrieren, dazu Lilien, Dahlien und robuste Sommerblumen. Wie kein zweiter Vegetationstyp bietet die besonnte Waldrand- oder Heckensaumpflanzung so die Gelegenheit, märchenhaft-romantische Bilder zu schaffen – und zugleich einen ökologisch vielseitigen Lebensraum.

Ernster, grüner und zugleich lauschiger stellt sich die absonnige Seite der Hecke dar. Hier gedeihen Farne, Bärenklau (*Acanthus*) und andere Blattschmuckstauden, Waldglockenblume, Frauenmantel und das ausdauernde Silberblatt (*Lunaria redidiva*) mit seinen ovalen, durchscheinenden Samenhüllen und natürlich auch die im vorigen Abschnitt erwähnten Waldpflanzen.

FOTOGRAFIE Marianne Majerus **GARTENDESIGN** Tom Stuart-Smith **ORT** Hertfordshire (England)

Ein kleiner Teich wird von Farnen und Iris fast verschluckt. Die üppige Vegetation lässt den Eindruck eines lauschigen Waldsumpfs entstehen. Die Bepflanzung mag auf Puristen zu exotisch wirken, Fröschen und Libellen dürfte das Feuchtgebiet dennoch zusagen.

TEICHE UND TÜMPEL Der Blick auf eine weite Wasserfläche tut der Psyche wohl, hingegen kann ein dunkler Teich auf sensible Gemüter beklemmend wirken: Haust da womöglich etwas Unheimliches in der Tiefe? Ein Gemälde des Präraffaeliten John Everett Millais in der Londoner Tate Gallery fängt diese geisterhafte Stimmung ein: Wie eine seltsame Wasserpflanze treibt da die ertrunkene Ophelia zwischen Weiden und Schwertlilien. Etwas Geheimnisvolles, vielleicht Bedrohliches, aber auch zutiefst Romantisches geht von einem Weiher aus.

Diese lauschige Atmosphäre stellt sich allerdings nur da ein, wo das Gewässer in seine Umgebung passt. Liegt ein Garten am Hang, sollte man erst gar nicht mit einem Teich liebäugeln. Wasser sammelt sich nun einmal immer unten und nichts wirkt irritierender als ein Teich, der in abschüssigem Gelände mittels Erdwällen oder Stützmauern buchstäblich am Weglaufen gehindert wird. Ein Gewässer, das oben auf einem Hügel balanciert, macht sich um keinen Deut besser.

Doch gehen wir davon aus, Ihr Grundstück erstreckt sich flach wie die Tiefebene und umfasst im Idealfall sogar eine Mulde. Hier lässt sich ein Gewässer stimmig integrieren – wenn man einen häufigen Fehler vermeidet: Der typische Folienteich ist fast immer zu klein. Deshalb vermag er das Auge nicht zu überzeugen. Wie so ein gern „Biotop" genanntes Gebilde da in seinem Rasenbett liegt, meist in eine Manschette aus Kieseln gezwängt, sieht es ungefähr so natürlich aus, als hätte man es aus einem Flugzeug abgeworfen.

Selbstverständlich gibt es auch in der Landschaft Kleinstgewässer, Tümpel, Pfützen jeglicher Größe. Manchmal brodelt selbst in vollgelaufenen Traktorfahrspuren das Leben, tummeln sich Kaulquappen und flitzen Wasserläufer umher. Nur trocknen diese Winzteiche gewöhnlich im Sommer aus und deshalb wachsen weder Seerosen darin, noch säumt ein Ring von Sumpfpflanzen ihren Rand. Und schon gar nicht stecken sie in einem Steinkragen, der mit mäßigem Erfolg schwarze Folienränder verbergen soll.

Wohlgemerkt: Wasserfloh und Teichmolch scheren sich um derlei Feinheiten nicht. Selbst der hässlichste Folienteich erfüllt seine ökologische Aufgabe, sofern er sich dichter Ufervegetation und leidlicher Wasserqualität erfreut. Doch Anliegen dieses Buches ist es nun einmal, Ökologie und Ästhetik im Naturgarten zu versöhnen.

Deshalb mein Appell: Wenn Sie sich einen Teich wünschen, dann können Sie ihn gar nicht groß genug planen. In den wasserreichen Niederlanden kann man beeindruckende Gärten sehen, die fast nur aus Teich bestehen. Zu radikal? Denken Sie darüber nach. Wenn Sie auf Rasen für spielende Kinder verzichten können, keinen Gemüsebau betreiben möchten und auf das übliche Blumeninventar keinen Wert liegen – warum eigentlich nicht?

Ein schmaler Landstreifen würde passende Gehölze beherbergen, etwa Hartriegel und Weiden. Empfehlenswert sind vor allem Sorten, die sich im Winter mit farbiger Rinde schmücken, wie *Cornus sanguinea* 'Winter Beauty' oder *Salix alba* 'Yelverton'. Diese Weißweide kann zwar recht

FOTOGRAFIE Jürgen Becker GARTEN Peter Janke ORT Hilden (Deutschland)

Wo sich die Anlage eines großzügigen Teichs nicht anbietet, wirkt ein geometrischer Graben oft ansprechender als ein organisch geformtes, aber mickriges Gewässer. Sind die Ufer wie hier dicht mit Sumpfschwertlilien (Iris sibirica) bewachsen, bietet ein Graben Tieren ebenso viel Zuflucht wie ein Teich.

GRABEN UND SUMPF Reicht Ihr Platz nicht aus für einen stattlichen Teich – und damit meine ich nicht die Fläche eines Teppichs, sondern mindestens die Ihres Wohnzimmers –, dann ziehen Sie als Alternative einen Graben in Erwägung. Er ist eigentlich nichts anderes als ein langer, schmaler Teich, maskiert sich aber nicht mit pseudo-organischen Kurven, sondern steht zu seiner Identität als Bauwerk. Wozu sie auch leugnen? Dränagegräben sind in feuchten Niederungen allgegenwärtig und tragen zu deren charakteristischer Anmutung bei. Der Umwelt tut die Entwässerung nicht gut, doch das Auge nimmt am Graben keinen Anstoß. Und im Naturgarten verkehrt sich seine Funktion ins Gegenteil: Statt zu entwässern, spendet er Wasser, wo zuvor keines war – und das auf kleinstem Raum.

Der Gartenkolumnist Jürgen Dahl empfahl diese Lösung in seinen „Nachrichten aus dem Garten" und ich finde sie bestechend. So ein Graben, schrieb Dahl, ließe sich viel leichter bauen als ein Teich, weil eine Folienbahn breit genug sei, ihn auszulegen. Damit entfällt das Verschweißen mehrerer Stücke. Zudem könne man wuchernde Pflanzen durch kleine, unsichtbare Ziegelmäuerchen in Abteile einsperren. Indem man die Erde in den Abschnitten unterschiedlich hoch einfüllt, lassen sich verschieden tiefe Sumpf- und Flachwasserzonen schaffen. Vor allem fügt sich ein Graben auf kleinen Grundstücken viel leichter in das Gesamtbild ein als ein Teich: Er kann eine Grundstücksgrenze markieren oder, von einem Steg überbrückt, zwei Gartenbereiche trennen.

Vom Graben ist der Weg zum formalen Wasserbecken nicht weit, das sich klar als Zierelement zu erkennen gibt. Trotzdem passt ein geometrisches Bassin in einem kleinen Garten oft besser als ein Teichlein von der Gestalt eines 50er-Jahre-Nierentischs. Da es gewöhnlich steile Wände besitzt, muss man jedoch mit Ästen oder unter Wasser aufgestapelten Steinen Notausstiege für Tiere schaffen. Es ist erschreckend, wie viele Insekten und Amphibien in Planschbecken, Regentonnen und ähnlichen Wasserbehältern verenden. Ich habe letztens eine tote Kröte gefunden, die aus einer vergessenen Plastikschüssel nicht entkommen konnte.

Eine weitere simple, aber geniale Idee hält Jürgen Dahl für Mini-Gärten bereit: Man nehme schwarze Plastikbottiche, wie sie Handwerker zum Mischen von Mörtel benutzen, vergrabe einen oder mehrere davon – und fertig ist der kleinste denkbare Gartenteich. Sofern man die Behälter nicht mitten im Rasen platziert, sondern in ein Beet mit feuchtigkeitsliebenden Stauden einschmuggelt, werden sie wie kleine Wasserlöcher in einem Sumpf wirken.

Für die Rahmenbepflanzung eines derart improvisierten Feuchtgebiets bieten sich die vielen attraktiven Stauden an, die frischen, aber nicht nassen Boden mögen und daher gut im Beet gedeihen: Taglilien und Sibirische Iris, Nelkenwurz (*Geum*) oder Trollblumen (*Trollius*), dazu reichlich Grün in Form von Gräsern und großblättrigen Stauden wie dem Schildblatt (*Darmera peltata*). Im Halbschatten eignen sich das Schaublatt (*Rodgersia*),

FOTOGRAFIE Jürgen Becker GARTEN Kasteel Oostkerke ORT Oostkerke (Belgien)

FOTOGRAFIE Jürgen Becker GARTENDESIGN Paul Vandenberghe ORT Oostkerke (Belgien)

Ein Graben voller Schilf und Seerosen windet sich durch einen schlichten Garten, der unmerklich in die Wiesenlandschaft übergeht.

viele Seggen und Farne. Die vielen an sich wunderschönen Sorten der Funkie (*Hosta*) gedeihen zwar ebenfalls gut im feuchten Schatten, doch stört mich ihre so offensichtlich exotische Anmutung. Wie auch Bambus passen sie nach meinem Empfinden einfach nicht in einen naturnahen Garten – aber das ist Geschmackssache.

Der Vollständigkeit halber sei erwähnt, dass sich selbstverständlich auch ein ganzes Beet in einen Sumpf verwandeln lässt: Man legt einen seichten Folienteich an, füllt ihn mit Sand auf, bepflanzt ihn und gießt kräftig. Ein solches Sumpfbeet fällt bei heißem Wetter trocken, was die meisten Uferpflanzen jedoch vertragen. Bei Regen läuft es dann wieder voll, vor allem, wenn Wasser aus der Dachrinne es zusätzlich speist. Deshalb sieht man solche Feuchtbiotope häufig in Hausnähe, was wiederum nicht ganz stimmig ist: Wer setzt schon ein Haus in den Sumpf? Vergessen Sie zumindest nicht, das Fundament gründlich gegen Feuchtigkeit abzudichten und für einen Überlauf zu sorgen. Der logische Ort für ein Sumpfbeet ist derselbe wie für den Teich: ganz unten.

FOTOGRAFIE Jürgen Becker **GARTEN** Grugapark Essen **ORT** Essen (Deutschland)

Wärmeliebende Stauden wie die Junkerlilie (Asphodeline lutea), Sonnenröschen (Helianthemum) und Iris profitieren von großen Steinblöcken.

Ein richtiger Steingarten mit raren, faszinierenden Alpenpflanzen bleibt letztlich dem Gärtner in Höhenlagen vorbehalten. Dort wirkt die Anlage nicht als Fremdkörper und darf im Winter unter einer Schneedecke ruhen. Paradoxerweise erfrieren kälteerprobte Gebirgsblumen im Tiefland nämlich leicht, weil ihnen der schützende Schnee fehlt. Wer unter Normalbedingungen im Flachland gärtnert, muss trotzdem nicht auf Steinanlagen verzichten. Er sollte sich nur nicht das Gebirge zum Vorbild nehmen, sondern anderswo nach gartentauglichen Erscheinungsformen des Themas Ausschau halten.

Eine aus Natursteinblöcken aufgeschichtete Trockenmauer zieht nicht nur den Blick auf sich, sondern bietet mit ihren Ritzen zudem vielen Tieren von der Spinne bis zur Eidechse Schlupfwinkel. Mauern sollten jedoch einen erkennbaren Zweck erfüllen, zum Beispiel wie hier einen Hang abstützen.

MAUERN UND STEINHAUFEN In der Wildnis, jener hypothetischen, vom Menschen völlig unbeeinflussten Natur, gibt es keine Mauern. Trotzdem gehören Trockenmauern zu den beliebtesten Elementen des Naturgartens – noch ein Beispiel für meine These, dass sich unser Naturbild eher an einer kleinteiligen Agrarlandschaft denn an menschenleeren Weiten orientiert. In vielen Regionen Mitteleuropas – in Küstennähe, in Hanglagen, in von der Eiszeit geformten Gegenden – prägten und prägen Mäuerchen das Landschaftsbild.

Je nachdem, ob sie aus scharfkantigen Granitbrocken, dunklem Schiefer oder knolligen Feldsteinen bestehen, muten Trockenmauern ganz verschieden an. Gemeinsam ist ihnen, dass sie voller Ritzen und Nischen stecken, in denen kleine Tiere Zuflucht finden, und dass sie Wärme speichern, was den Bedürfnissen vieler Lebewesen entgegenkommt – ganz besonders der wechselwarmen Reptilien.

Für mich ist es immer ein Erlebnis, wenn ich mich langsam an den Feldsteinhaufen in einer trockenen, sonnigen Ecke meines Landgartens heranpirsche und dort eine Eidechse beim morgendlichen Sonnenbad ertappe. Schlangen und Eidechsen kannte ich früher nur aus Urlauben am Mittelmeer, es erscheint mir immer noch geradezu bizarr, dass ich nun welche in meinem eigenen, nordbrandenburgischen Garten beherberge. Leider habe ich noch keine Eidechsen an der Feldsteinmauer beobachtet, die wir zum Abstützen des Kräuterbeets errichtet haben. Immerhin haben sich Kröten dort einquartiert.

Die erste leibhaftige Kröte, die ich im Garten angetroffen habe, hockte übrigens in einem Stapel übrig gebliebener Ziegelsteine, fast anderthalb Meter über dem Boden. Keine Ahnung, wie sie da hinaufgeklettert ist. Nicht verwendetes Baumaterial zu horten, ist in den Dörfern der Uckermark eine gute Tradition. Kaum ein Grundstück kommt ohne aufgeschichtete Dachpfannen, gestapelte Mauersteine, Feldstein- oder Kieshaufen aus. Schließlich könnte man das Material irgendwann einmal brauchen. Diese Facette des ländlichen Lebens hat es zwar bislang nicht in die Hochglanzseiten der einschlägigen Lifestyle-Magazine gebracht, trägt jedoch ganz gewiss zur ökologischen Aufwertung der Gärten bei.

Um solche Baustoffdepots auch zur ästhetischen Bereicherung zu machen, braucht es ein bisschen Fantasie und Experimentierfreude. So habe ich im Garten einer Uckermärker Künstlerin wunderbare Trockenmauern aus überschüssigem Baumaterial gesehen: Virtuos waren Ziegel, Dachpfannen und Schutt zu Mustern arrangiert, die Mauerkrone wellenförmig gestaltet. Wie Schlangen wanden sich die Mäuerchen durch Wiese und Gebüsch, leiteten den Blick und verliehen dem Garten eine verspielte, ja ein wenig magische Stimmung.

Für mich ist diese kreative Reycling-Arbeit ein ausgezeichnetes Beispiel, wie sich ohne zusätzlichen Energie- und Materialverbrauch, einfach aus dem, was man vor Ort vorfindet, ein ebenso ansehnliches wie ökologisch nützliches Gartenelement herstellen lässt. Ärgern Sie sich also nicht,

FOTOGRAFIE Jürgen Becker **GARTEN** Peter Berg **ORT** Sinzig-Westum (Deutschland)

Gräser, silberlaubige Stauden, Zierlauch (Allium sphaerocephalon) und Patagonisches Eisenkraut (Verbena bonariensis) gehen in diesem eher mediterran geprägten Kiesbeet eine elegante und ungezwungen wirkende Verbindung ein.

KIESGÄRTEN Während der klassische Steingarten an Beliebtheit eingebüßt hat, liegen Kiesgärten im Trend. Dazu haben sicherlich die extrem heißen Sommer zu Beginn des Jahrtausends beigetragen, vermutlich auch der Boom der asiatischen Esoterik mitsamt ihrer Buddha-Statuen, Steinlaternen und Zen-Gärten. Nun hege ich größten Respekt für die japanische Gartentradition (die weit mehr zu bieten hat als geharkte Kiesflächen), finde die fernöstlich angehauchten Kiesgärten hierzulande aber meist ziemlich dürftig.

Zen-Gärten spiegeln die Natur auf abstrakte Weise wider. Kiesflächen symbolisieren dort gewöhnlich Wasser. Hingegen dienen sie in Gärten, in denen die reale Natur sich entfalten darf, ganz pragmatisch als Substrat, auf dem nässeempfindliche Pflanzen gedeihen. Entsprechend unsinnig ist es, die beiden so verschiedenen Ansätze der Gartengestaltung zu vermischen.

Der westliche, reich bepflanzte Kiesgarten orientiert sich allerdings nicht an einer bestimmten Vegetationsform. Vielmehr verschmelzen hier Inspirationen aus der osteuropäischen Steppe und der amerikanischen Kurzgrasprärie mit Vorbildern aus dem Mittelmeerraum und von mitteleuropäischen Trockenstandorten. Dagegen ist nichts einzuwenden, da der Naturgarten ja nicht botanisch korrekt eine bestimmte Landschaftsform nachahmen will.

Vor allem Planer des öffentlichen Grüns interessieren sich für das Konzept, sind doch Verkehrsinseln und ähnliche Problemstandorte in Städten Kiesgärten par excellence: heiß, trocken, oft auf schottrigem Boden und für regelmäßige Pflegemaßnahmen unzugänglich. Auch mein Vorgarten, eingekeilt zwischen Betonstützmauern, Pflasterweg und Bürgersteig, hätte einen idealen Kiesgarten abgegeben – wäre ich damals nur so schlau gewesen. Stattdessen ließ ich fruchtbare, humose Erde aufschütten. Das Ergebnis war, dass Beet- und Präriestauden im Sommer gegen das Verdorren ankämpften, während mediterrane Halbsträucher und ihresgleichen im Winter mit nassen Füßen dem Frost erlagen. Erst im Laufe der Jahre habe ich im Trial-and-Error-Verfahren eine Reihe von Pflanzen gefunden, die mit diesen Bedingungen klarkommen. Ein Tipp: Fette Henne (*Sedum telephium*) geht immer, Steinquendel (*Calamintha*) auch.

Wie sich aus meinen Erfahrungen folgern lässt, reicht es nicht, eine Schicht Splitt anzuschütten, will man einen Kiesgarten anlegen. Vielmehr muss auch das Substrat darunter hinreichend durchlässig sein, um winterliche Nässe zu vermeiden. Fruchtbarer Boden gibt Unkräutern zudem einen Startvorteil gegenüber den langsamer wachsenden, trockenheitsresistenten Pflanzen. Deshalb taugt nicht jede beliebige Fläche für einen Kiesgarten, es sei denn, man tauscht den Boden aus.

Steppenpflanzungen passen an heiße, sonnige Stellen, an denen die Erde im Sommer richtig ausdörrt. Gut eignen sich Hänge, weil das Wasser schneller abfließt, sowie Beete im Windschatten des Hauses oder unter einem Dachüberstand. Auch viele innerstädtische Vorgärten dürften sich,

FOTOGRAFIE Jürgen Becker GARTEN Peter Janke ORT Hilden (Deutschland)

FOTOGRAFIE Philippe Perdereau GARTEN Rammekenshof ORT Ritthem (Niederlande)

Verbirgt sich unter der Steinschicht ein feuchter Boden, gedeihen auch Präriepflanzen wie die Sonnenbraut (Helenium) in einem Kiesgarten.

wenn sie nicht gerade im Schatten hoher Bäume versinken, für diesen Bepflanzungsstil anbieten.

Für mich liegt der Reiz eines Kiesgartens vor allem in dem aromatischen Duft und dem reichen Nektarangebot, mit dem viele trockenheitsliebende Pflanzen wie Salbei, Lavendel, Blauraute (*Perovskia*) und Dost (*Origanum*) aufwarten. An schönen Sommertagen steigen würzig riechende Wolken aus solchen Beeten auf und sie sind erfüllt vom Summen unzähliger Bienen und Hummeln. Wer Glück hat, entdeckt im Lavendel das seltene Taubenschwänzchen, einen tagaktiven Nachtfalter. Und da man selbst bei der größten Hitzewelle keine Gießkannen schleppen muss, kann man das sinnliche Erlebnis in Ruhe genießen. Ist er einmal eingewachsen, muss man einen Kiesgarten niemals bewässern.

Auch im Winter können solche Anlagen bestechend aussehen: Das silbrige Laub, das viele mediterrane Pflanzen schmückt, harmoniert ausgezeichnet mit dem Gold und Bronze der verdorrten Gräser. Samenstände von Königskerze (*Verbascum*) oder Brandkraut (*Phlomis*) setzen Akzente. Im Frühling dann bringen Tulpen und andere Zwiebelblüher jede Menge Farbe ins Kiesbeet, sind doch viele von ihnen Kinder der Steppe.

PLANUNG UND PFLEGE

FOTOGRAFIE Volker Michael **GARTENDESIGN** Chris Ghyselen **ORT** Beernem, Oedelem (Belgien)

140

FOTOGRAFIE Marianne Majerus GARTENDESIGN Graham Gough ORT East Sussex (England)

Ein Heckenrondell gibt dieser gärtnerischen Interpretation einer Feuchtwiese Struktur und leitet zu den Gehölzen im Hintergrund über.

Die meisten Regeln, die bei der Planung eines konventionellen Gartens zu berücksichtigen sind, treffen auch für den Naturgarten zu. Auch hier gilt zum Beispiel, dass eine Anlage interessanter wirkt, wenn sie sich nicht auf den ersten Blick erschließt, sondern in mehrere Räume gegliedert ist, die sich dem Betrachter erst nach und nach offenbaren. Ebenso gilt es, die Aufteilung des Gartens zu Beginn sorgfältig zu planen, zu überlegen, welche Elemente ihn bereichern sollen und wie sie anzuordnen sind. Das alles lässt sich in zahllosen Ratgeberbüchern nachlesen.

Darüber hinaus treten bei der Anlage und Pflege eines Naturgartens jedoch Aspekte in den Vordergrund, die in einem konventionellen Garten allenfalls eine Nebenrolle spielen. So kann beispielsweise die umliegende Landschaft die Wirkung eines naturnahen Gartens ganz erheblich steigern und die Kombination formaler und wildhafter Elemente für interessante Kontraste sorgen.

Am Anfang steht immer die Entscheidung, welche natürliche Landschaft als Vorbild dienen soll. Denn die Umsetzung dieser Vision kann mit unterschiedlich großem Aufwand verbunden sein. Es lohnt sich nicht, bei der Anlage des Naturgartens zu sparen oder den vermeintlich einfacheren Weg einzuschlagen, wenn schon nach kurzer Zeit unerwünschte Wildkräuter das Bild zerstören. Letztlich stehen wie für jeden Gartenbesitzer in spe auch für den angehenden Naturgärtner zwei Fragen im Mittelpunkt: Was habe ich und was möchte ich haben?

FOTOGRAFIE Jürgen Becker **GARTENDESIGN** Piet Oudolf **ORT** Bad Godesberg (Deutschland)

Die Wirkung einer Pflanzung, hier bestehend aus Wasserdost (Eupatorium purpureum 'Atropurpureum'), Kerzenknöterich (Bistorta amplexicaulis), Herbstanemone (Anemone japonica) und Gräsern, hängt davon ab, ob man sie nur von außen betrachten oder sich wie in einer Wiese mitten zwischen den Pflanzen hindurch bewegen kann.

ehemaligen Bahnanlagen und aufgelassenen Fabrikgelände. Dort entwickelt sich häufig eine so vielfältige Pionier- und Ruderalvegetation mit reichem Tierleben, dass manche dieser Flächen, zum Beispiel das Schöneberger Südgelände, ein ehemaliger Rangierbahnhof im Süden Berlins, heute unter Naturschutz stehen.

Aber auch das verwilderte Brachgrundstück um die Ecke, mit seinem Brombeergestrüpp, den Wildrosen, Holunderbüschen und mannshohen Goldruten im Spätsommer, ist ein unterschätztes Stückchen Natur. Solche Freiflächen tragen maßgeblich zum Artenreichtum der Städte bei, der die biologische Vielfalt unserer Agrarlandschaft längst übertrifft. Zeitgemäße Parkanlagen wie auf dem Gelände des ehemaligen Nordbahnhofs in Berlin zeigen, wie viel gärtnerischen Reiz man der städtischen Spontanvegetation abgewinnen kann.

Falls Sie befürchten, eine kleine, naturnahe Insel im Häusermeer würde einsam dahinvegetieren, weil sich kein Tierleben einstellen will, kann ich Sie beruhigen: Auch wenn Kröten und Igel vielleicht ausbleiben – sie haben im Stadtverkehr wenig Chancen –, wird Ihr Garten ein Magnet für mobilere Arten sein: Vögel, Insekten, Fledermäuse. Gerade weil ökologische Nischen in der Innenstadt knapp sind, stürzen sich Tiere auf jeden einigermaßen akzeptablen Lebensraum.

Selbst ein paar Balkonkästen und Töpfe mit nektarreichen Pflanzen in luftiger Höhe locken ungewöhnliche Insekten an. Der Naturgärtner Reinhard Witt erzählte mir die hübsche Anekdote von einem befreundeten Biologen, der einen beträchtlichen Teil seiner Forschungen an Wildbienen auf dem heimischen Balkon vollführte.

Mich selbst haben wenige Gartenerlebnisse so beeindruckt wie jener Admiral, der mehrere Jahre lang in meinen Hinterhofgarten kam, und zwar immer nur dann, wenn im Spätsommer der Wasserdost (*Eupatorium purpureum*) seine Blüten öffnete. Woher weiß ein Falter, dass gerade jetzt, in dieser Schlucht zwischen hohen Hauswänden, seine Lieblingsfutterpflanze aufgeblüht ist? Kreist er regelmäßig auf der Suche nach Nahrung über Berlin-Mitte? Eigentlich müssen es verschiedene Tiere gewesen sein, da Admirale gewöhnlich den Winter nicht überstehen. Haben also drei oder vier Falter jeweils zufällig meinen Wasserdost entdeckt? Es bleibt mir ein Rätsel.

Hecken haben sich seit Jahrhunderten als Raumteiler im Garten bewährt, lassen sich aber wie im „Jardin Plume" auch ganz anders interpretieren.

WEGE UND RÄUME Naturgarten-Novizen möchten häufig nicht gleich alles umkrempeln, sondern die neue Herangehensweise erst auf einem Teil ihres Grundstücks erproben. Das ist überhaupt kein Problem, sofern man überall auf giftige Chemikalien verzichtet, da sich ihre Wirkung kaum eingrenzen lässt. Zudem sollte der Garten genug Platz für unterschiedlich gestaltete Zonen oder Räume bieten. Die von Naturschützern gern beschworene „wilde Ecke" darf nicht nur wenige Quadratmeter umfassen, soll sie das Auge befriedigen. Auch wenn, ich muss es wiederholen, natürlich jeder Quadratmeter naturnahes Grün ein Gewinn für die Umwelt ist.

Die klassische Aufteilung eines Gartens sieht vor, formalere Elemente wie ein Buchsbaum-Parterre nahe am Haus anzulegen und zur Grundstücksgrenze sukzessive mehr natürliche Dynamik zuzulassen. Das ist vor allem dann sinnvoll, wenn der Garten an die freie Landschaft oder verwilderte Parzellen angrenzt. Er verschmilzt dann geradezu mit seiner Umgebung. Weniger zwingend erscheint mir dieser Gradient, wenn ringsum ohnehin nur Häuser in Sicht sind.

Vielleicht möchten Sie auch das Treiben Ihrer Gartenmitbewohner aus nächster Nähe beobachten? Dann holen Sie sich eine naturnahe Pflanzung direkt vor Ihr Wohnzimmerfenster. Warum sollte ein architektonisch-strenger Gartenteil nicht wie eine Insel mitten im Wildwuchs liegen, vielleicht um einen Sitzplatz arrangiert? Oder, wenn Sie auf formale

FOTOGRAFIE Philippe Perdereau ORT Le Jardin Plume, Auzouville-sur-Ry (Frankreich)

FOTOGRAFIE Jürgen Becker GARTENDESIGN Piet Oudolf ORT Zeeland (Niederlande)

Purpursonnenhut (Echinacea purpurea), Kerzenknöterich (Bistorta amplexicaulis) und Pfeifengras (Molinia) nehmen den geraden Linien des Holzstegs ihre Strenge.

Elemente nicht verzichten wollen, warum vermischen Sie beide Gartenstile nicht ungeniert? So könnte man geometrische, mit Buchsbaum gesäumte Beete mit Wildstauden füllen. Das geradlinige Grundgerüst verschwände im Frühsommer größtenteils unter üppigen Pflanzen und würde erst im Herbst wieder sichtbar.

Sie finden, geometrische Strukturen passen nicht zu fröhlichem Wildwuchs? Oft fällt ja das Argument, die Natur kenne keine geraden Linien, und deshalb müssten Wege und Beetkanten stets organisch geschwungen verlaufen. Ich sehe das überhaupt nicht so. Zum einen gibt es in der Natur selbstverständlich geometrische Muster und klare Linien: Denken Sie an Kristalle, Fichtennadeln oder die fast senkrecht in die Höhe strebenden Schilfhalme mit ihren scharfkantigen Blättern. Auch Wege in der Landschaft sind selten sinnlos geschwungen, sondern biegen sich nur dort, wo sie einem Hindernis ausweichen. Selbst Wildwechsel verlaufen meist ziemlich geradeaus oder allenfalls sanft gekrümmt. Schließlich will auch ein Reh möglichst schnell von A nach B gelangen und keine überflüssigen S-Kurven hüpfen.

Je kleiner ein Garten ist, desto krampfhafter wirkt es deshalb, Wege und Beetränder unbedingt ein paar Schwünge vollführen zu lassen. Der Versuch, im Garten Landschaften zu miniaturisieren, geht eben meistens schief. Klare Linien sind hier oft die bessere Lösung, zumal sie die meiste Zeit des Jahres ohnehin unter der Vegetation verschwinden. Überquellende Staudenpolster sorgen dann schon auf ihre Weise für organisches Design.

FOTOGRAFIE Marianne Majerus **GARTENDESIGN** Bunny Guinness **ORT** Cambridgeshire (England)

Ein Baumhaus wünschen sich alle Kinder; es muss gar nicht ein so stilvoll errichtetes Gebäude wie hier sein. Auch Flechtarbeiten aus Weidenruten machen den Kleinen Spaß. Verarbeitet man frisches Material, schlagen die Ruten sogar aus, sodass das Bauwerk zur lebenden Skulptur wird.

KINDER Ihr Nachwuchs, sofern vorhanden, ist ein wichtiger Faktor, den sie bei der Planung Ihres Naturgartens berücksichtigen müssen – und zwar anders, als Sie es vielleicht denken. Die Bedürfnisse spielender Kinder geben häufig den Ausschlag dafür, eine große Rasenfläche anzulegen. Rasen jedoch ist aus ökologischer Sicht unergiebig, er beherbergt oder ernährt nur wenige Tiere.

Kinder sind verschieden und möglicherweise spielen Ihre Sprösslinge ja begeistert Federball oder Krocket. Unsere drei Kinder allerdings treffe ich selten auf unserer gemähten Wiese an. Sie stecken fast immer in der „Ruine", wie wir die Reste eines abgerissenen Stalls nennen, dessen Grundmauern aus Feldstein wir erhalten haben. Dort steht eine Sandkiste aus alten Balken, die regelmäßig unter Wasser gesetzt wird, und natürlich kann man auf den Mäuerchen herumklettern, Bauwerke aus Ziegelsteinen errichten und den Putz von der Wand schlagen, was mein Sohn besonders gern tut.

Vielleicht also hätte ihr Nachwuchs mehr Spaß an einer abwechslungsreichen Abenteuerzone mit Höhlen, Dickichten und Matschplätzen als an einem Spielrasen? Wir neigen dazu, Kindern ein paar auf sie zugeschnittene Angebote zu machen, wie Schaukel und Trampolin, doch nutzt sich deren Attraktivität schnell ab. Die meiste Zeit stehen diese hässlichen Konstrukte dann verwaist herum. Besser scheint es mir, den Kleinen einfach einen anregenden Raum zur Entfaltung ihrer eigenen Ideen zur Verfügung zu stellen. Ein Naturgarten mit Hecken und (Kletter-)Bäumen, vielleicht mit essbaren Pflanzen und Früchten, unbedingt aber mit Wasser, Sand und Schlamm erfüllt diese Anforderung per se.

Vielleicht haben Ihre Kinder ja in der Nähe Gelegenheit zum Ballspiel. Dann verzichten Sie doch auf einen Rasen und pflanzen Sie stattdessen einen Garten voller Schlupfwinkel und Verstecke. Legen Sie alte Bretter, Äste und Steine bereit. Lohnende Anschaffungen sind auch Lupe, leere Marmeladengläser und Bestimmungsbuch. Freilich sollten Sie darauf achten, dass die Insassen der Gläser rechtzeitig wieder in die Freiheit entlassen werden – oder in den selbst gebauten Zoo mit Gehegen aus Löwenzahnstängeln?

Beim Stichwort „Naturgarten" dürften die wenigsten an einen Potager im klassischen Stil denken, doch ist das Säen, Pflanzen und Ernten nicht eine der ursprünglichsten und damit natürlichsten Beschäftigungen des Menschen? Auf ein paar essbare Gewächse sollte man deshalb keinesfalls verzichten.

ESSBARE NATUR Nicht nur für Kinder ist es ein außerordentliches Erlebnis, im Garten oder in der Natur selbst gepflückte Früchte zu verzehren. Meine jüngere Tochter hält mir ständig irgendwelche Blätter vor die Nase und fragt: „Kann man das essen?" Meistens kann man und sie verspeist das Grün mit Genuss. Einmal versetzte sie die Eltern ihrer Kita-Gruppe in Aufruhr, als sie ihre Freunde dazu animierte, Wildkräuter zu kosten, und die Kleinen dann zu Hause erzählten, sie hätten Gras gegessen.

Für Stadtkinder ist es eben alles andere als selbstverständlich, dass die meisten Nahrungsmittel von Pflanzen stammen, die „in echt" irgendwo draußen wachsen. Schließlich kennen sie ihre Salatgurke nur mit Plastikhaut, als käme sie direkt aus der Fabrik. Aber auch viele Erwachsene haben den Bezug zur Herkunft ihrer Nahrungsmittel verloren – und damit leider oft den Sinn für genussvolles und gesundes Essen.

Früchte, Wurzeln und Blätter zu sammeln, zuzubereiten und zu essen, ist neben der Fortpflanzung wohl die älteste und natürlichste Beschäftigung des Menschen. Deshalb bin ich der Überzeugung, dass ein Naturgarten auch essbare Pflanzen enthalten sollte, um seinen Besuchern diese elementare Erfahrung zu ermöglichen.

Aber sind Gemüsebeete mit schnurgeraden Reihen von Karotten und Kohl, die man mit allen Mitteln gegen gefräßige Insekten verteidigen muss, nicht genau das Gegenteil eines Naturgartens? Zugegeben. Zum Glück lassen sich essbare Pflanzen aber auch zwanglos in naturnah gestaltete Pflanzungen integrieren. Am leichtesten geht das mit Obstbäumen, Beerensträuchern und mehrjährigen Nutzpflanzen wie Rhabarber oder Wilder Rauke. Um sie anzubauen, muss man nicht jährlich Beete umgraben und Fruchtfolgen berücksichtigen. Viele Beerensträucher nehmen zudem etwas Schatten hin und eignen sich zur Unterpflanzung eines Waldgartens. Brombeeren und ihre vielen Verwandten können Mauern oder Zäune beranken. Ich empfehle Tayberries: Sie schmecken wie Himbeeren, sind aber unverwüstlich wie Brombeeren.

Waldgärten können sogar vollständig aus Nutzpflanzen bestehen. Diese Idee stammt aus der Agroforstwirtschaft, eine Form des Anbaus, die Bauern mancherorts in den Tropen betreiben. Das Prinzip ist ganz einfach: Man ahmt einen Wald mit all seinen Vegetationsschichten nach. Das (lichte!) Kronendach bilden Obst- und Nussbäume, die Strauchetage darunter füllen Beerensträucher wie Johannis- und Stachelbeeren, während in der Krautschicht zum Beispiel Walderdbeeren und schattenverträgliche Kräuter wie Sauerampfer, Minze und Petersilie gedeihen. An sonnigeren Stellen, die einer Lichtung nachempfunden sind, wachsen vielleicht Salate, Mangold und Zucchini, dazu fürs Auge essbare Blumen wie Kapuzinerkresse und Taglilien. Als besondere Delikatesse ranken Kiwis in die Bäume hinein.

Wer sich einen offeneren, sonnigen Garten wünscht und ohnehin plant, eine frei wachsende Hecke anzulegen, kann sie aus Wildobst zusammenstellen: Holunder (*Sambucus nigra*), Kornelkirsche (*Cornus*

FOTOGRAFIE Jürgen Becker **GARTEN** Ilka Dorn **ORT** Nettetal (Deutschland)

FOTOGRAFIE Jürgen Becker **GARTEN** De Boschhoeve **ORT** Wolfheze (Niederlande)

Mehrjährige Nutzpflanzen wie der Rhabarber lassen sich besonders gut in naturnahe Pflanzungen integrieren.

mas), Felsenbirne (*Amelanchier*), Sauerdorn (*Berberis vulgaris*), Wildrosen, Apfelbeeren (*Aronia*) und viele Sträucher mehr liefern Früchte, die nicht nur Vögeln schmecken, sondern sich auch in der Küche zu ungewöhnlichen Gerichten, Säften und Marmeladen verarbeiten lassen. Wer solches Wildobst kosten will, muss es schon selbst anbauen oder sammeln, denn im Handel wird es kaum je angeboten. Mein Tipp: Pflanzen Sie eine essbare Eberesche (*Sorbus aucuparia* 'Edulis'). Dieser Sorte sind durch eine Mutation die Bitterstoffe abhanden gekommen, sodass sie sogar roh schmeckt, am besten aber getrocknet im Müsli.

Was habe ich und was möchte ich? Diese Fragen stehen am Beginn jeder Gartengestaltung, doch zumeist ist Naturgärtnern ein respektvoller Umgang mit dem Vorgefundenen besonders wichtig. Zum Glück lassen sich alte Gehölze oft geschickt in die neue Anlage einbinden.

ERSTE SCHRITTE Wer einen Naturgarten anlegen will, steht vor der Entscheidung: Will man im vorhandenen Garten die Zügel lockerer lassen und ihn behutsam transformieren, oder befriedigt der Ist-Zustand so wenig, dass eine grundlegende Renovierung ansteht? Die Antwort auf diese Frage hängt zum einen davon ab, was für ein Gartentyp Ihnen vorschwebt: Wie schon mehrfach erwähnt, verlangen einheimische Wildpflanzen, Trockenrasen und Kiesgärten fast immer spezielle Bodenvorbereitungen, die man bei größeren Flächen aber besser einer Fachfirma überlässt.

Auch beim Ausheben eines stattlichen Teichs ist professionelle Hilfe samt Bagger anzuraten. Waldgärten und Hecken, Waldrand- und Präriepflanzungen sowie eine Fettwiese lassen sich hingegen auf normalem Gartenboden eigenhändig realisieren.

Der zweite Faktor, den man berücksichtigen sollte, ist die Qualität vorhandener Pflanzungen und Gehölze. Es ergibt aus ökologischer Sicht keinen Sinn, einen ausgewachsenen Baum zu fällen, weil er Schatten auf den geplanten Magerrasen wirft: So viele seltene Arten wird man dort kaum ansiedeln können, dass das neue Biotop den Verlust wettmacht.

Wer in ein älteres Haus zieht, findet häufig einen reifen Gehölzbestand vor. Auch wenn man einen Großteil dieser Bäume und Sträucher niemals selbst gepflanzt hätte, sollte man schon gute Gründe haben, sich von ihnen zu trennen: Eingewachsene Gehölze lassen sich nicht schnell ersetzen. Selbst exotische Bäume haben positive Auswirkungen auf das Mikroklima und – mal mehr, mal weniger – die Tierwelt.

Haben Sie also das typische Rasenrechteck mit Strauchgürtel drum herum übernommen, müssen Sie ihn nicht gleich komplett abholzen. Lebensbäume, Scheinzypressen und ähnliche Koniferen-Ungeheuer würde ich zwar eher entfernen, Japankirsche, Forsythie & Co. aber nicht unbedingt roden. Vielleicht findet sich unter den Ziergehölzen ja sogar das eine oder andere Juwel wie die baumhohe Magnolie, die meine Schwester kürzlich geerbt hat. Sollte man sie etwa fällen, nur weil sie nicht so recht in den naturnahen Garten passt?

Nehmen Sie also die Sträucher als gegeben hin, lichten Sie sie vielleicht etwas aus und wenden Sie sich dem Rasen zu: Hier kann ein Naturgarten ganz nach Ihren Neigungen entstehen. Fassen Sie Ihr Stück Land als Waldlichtung auf, setzen Sie, wenn Platz ist, ein paar einheimische Gehölze als Ergänzung und verwandeln Sie den Rasen in eine artenreiche Waldrandpflanzung. Vermissen werden Sie ihn nicht.

FOTOGRAFIE Jürgen Becker **GARTEN** Nina Balthau **ORT** Oosteeklo (Belgien)

FOTOGRAFIE Philippe Perdereau ORT Le Jardin Plume, Auzouville-sur-Ry (Frankreich)

Die Gießkannen dürften eher der Dekoration dienen, denn die Wolfsmilch (Euphorbia) kommt mit dem trockenen Standort an der Mauer gut zurecht.

PFLEGE Naturgärten stehen im Ruf, pflegeleicht zu sein, und das ist grundsätzlich auch richtig: Man muss seltener oder gar nicht den Rasen mähen, keine immergrünen Sträucher zu Kugeln, Kegeln oder Vogelgestalten stutzen; man braucht nicht zu düngen, sondern höchstens gelegentlich etwas Kompost zu verteilen; man sollte tunlichst davon absehen, Laub von den Beeten zu harken oder jede welke Blüte abzuknipsen. Seltener als in konventionellen Gärten ist es nötig, Stauden abzustützen oder zu teilen, und die Vermehrung von Zweijährigen und robusten Sommerblumen erledigt sich im allgemeinen von selbst.

Hat man standortgerecht gepflanzt, übersteht der Garten Trockenphasen meist ganz gut ohne Bewässerung. Schon gar nicht muss man Beete Jahr für Jahr umgraben, wie es für Gemüse oder Sommerblumenrabatten erforderlich ist, denn mit der einen Ausnahme der Annuellenwiese sind alle in diesem Buch vorgeschlagenen Pflanzungen ausdauernd.

Trotzdem kommen auch naturnahe Anlagen nicht ohne Pflege aus. Teiche etwa sind regelmäßig zu reinigen, da das in ihnen angesammelte organische Material sonst zu faulen beginnt und das Wasser kippt. Blumenwiesen sollten zwei- bis dreimal im Jahr gemäht und das Mähgut entfernt werden, um den Boden abzumagern.

In Präriepflanzungen und Staudenbeeten räumt man im Spätwinter die Reste des Vorjahrs ab. Wenn Berge von Stängeln und Halmen die Kapazität des Komposthaufens zu sprengen drohen, hilft ein Häcksler. Die

FOTOGRAFIE Marianne Majerus **GARTENDESIGN** Julie Toll **ORT** Hertfordshire (England)

Des einen Unkraut ist des anderen Blume: Goldgelber Hahnenfuß säumt einen vollendet naturnahen Teich. Nur der Rasenweg verrät den Gärtner.

entwickelte auch eine ganz eigene Strategie im Umgang mit Wurzelunkräutern: „Gärtnern wie eine Kuh" nannte er seine Gewohnheit, ein- oder zweimal in der Woche durch den Garten zu streifen und dabei selektiv wie ein weidendes Rind alle Unkräuter, die vorwitzig in den Pflanzungen aufragten, abzureißen – ohne sich überhaupt erst an der Sisyphus-Arbeit zu versuchen, ihre Wurzelausläufer zu entfernen.

Die Kuh-Methode eliminiert Giersch & Co. zwar nicht, schwächt die Unkräuter aber so, dass sich einigermaßen robuste Bodendecker wie Storchschnabel und Knöterich gegen sie behaupten können. Größere Stauden wie Wasserdost, aber auch mittelgroße wie Farne, Phlox und Salomonssiegel wachsen, wenn sie sich einmal etabliert haben, nach Gerritsens Erfahrung ungerührt durch jeden Unkrautteppich hindurch. Sogar Pfingstrosen bieten dem Giersch Paroli, wie ich auf unserem vernachlässigten Nachbargrundstück beobachtet habe. Statt Schlachten zu schlagen, die nicht zu gewinnen sind, schraubt man besser seine Ambitionen zurück: Verzichten Sie auf zarte Gewächse, lernen Sie mit dem Unkraut zu leben – und genießen Sie in Ruhe Ihren Garten.

ZEHN REGELN FÜR DEN NATURGARTEN

FOTOGRAFIE Jürgen Becker **GARTEN** De Rammekeshof **ORT** Ritthem (Niederlande)

FOTOGRAFIE Jürgen Becker GARTEN Schloss Dyck ORT Jüchen (Deutschland)

Wald oder Garten? Ein Teppich aus blühendem Bärlauch breitet sich in diesem urwüchsigen und doch vom Menschen geprägten Hain aus.

1. STREBEN SIE KEINE WILDNIS AN, sondern nehmen Sie sich eine vielfältige und artenreiche Kulturlandschaft zum Vorbild. Entscheiden Sie sich für einen Landschaftstyp, der zu den Standortbedingungen und der Umgebung Ihres Gartens passt.

2. ERSPÜREN SIE DIE STIMMUNG und die wesentlichen Elemente dieser Landschaft und überlegen Sie, wie Sie eine ähnliche Atmosphäre in Ihrem Garten schaffen können. Versuchen Sie nicht, natürliche Szenerien lediglich im verkleinerten Maßstab nachzubilden.

3. FINDEN SIE IHRE PERSÖNLICHE BALANCE zwischen natürlicher Unordnung und gestalterischer Struktur, zwischen ökologisch wünschenswerter Vielfalt und ästhetisch gebotener Beschränkung.

4. WÄHLEN SIE PFLANZEN, die sich sowohl von ihrer Anmutung als auch von ihrem ökologischen Nutzen her gut in einen naturnahen Garten einfügen. Exoten in Maßen sind kein Problem, sondern stellen mitunter sogar eine Bereicherung dar.

5. VERSUCHEN SIE NICHT, GEGEN DIE NATUR zu gärtnern, sondern berücksichtigen Sie die Ansprüche von Pflanzen an Boden, Lichtverhältnisse und Klima.

Ein Naturgarten verlangt die Bereitschaft, genau hinzusehen. Nur so offenbart sich die Schönheit im Detail und der Zauber der Vergänglichkeit.

6. MEIDEN SIE PESTIZIDE aller Art. Überlassen Sie den Pflanzenschutz den kleinen Helfern, die sich in einem naturnahen Garten über kurz oder lang einstellen. Halten Sie jedoch ein Auge auf aggressive Unkräuter.

7. ACHTEN SIE BEI DER ANSCHAFFUNG von Baumaterial, Möbeln, Geräten, Düngemitteln, Substraten und auch Pflanzen auf deren Herkunft und vermeiden Sie Produkte, deren Herstellung oder Gebrauch die Umwelt belasten.

8. PFLANZEN SIE GEWÄCHSE mit essbaren Früchten, Wurzeln oder Blättern und geben Sie sich der elementaren Erfahrung des Erntens und Verzehrens hin.

9. ENTDECKEN SIE DIE SCHÖNHEIT im Detail und den Reiz der Vergänglichkeit. Verbringen Sie möglichst viel Zeit damit, Ihren Garten zu beobachten.

10. DIE WICHTIGSTEN BEWOHNER Ihres Gartens sind Sie selbst und Ihre Familie. Ihre Vorlieben und Ihr Wohlbehagen haben Vorrang vor dem ökologisch Wünschenswerten. Erlaubt ist, was gefällt.

FOTOGRAFIE Jürgen Becker **GARTEN** Peter Janke **ORT** Hilden (Deutschland)

ANHANG

INDEX

A

B

C

D

LITERATUR

BROOKES, JOHN Gärten naturnah gestalten. München 1998

CHATTO, BETH Der Kiesgarten. Gärtnern auf trockenem Standort. Stuttgart 2001

CHATTO, BETH Schattengarten. München 2011

DAHL, JÜRGEN Nachrichten aus dem Garten. Stuttgart 1985

DAHL, JÜRGEN Neue Nachrichten aus dem Garten. Stuttgart 1987

GERRITSEN, HENK Essay on Gardening. Amsterdam 2008

HERTLE, BERND Kiesgärten. Augsburg 2010

KINGSBURY, NOËL Natural Garden Style. London 2009

KINGSBURY, NOËL Natural Gardening in Small Spaces. London 2003

KREUTER, MARIE-LUISE Der Biogarten. 25. Auflage München 2012

LEWIS, PAM Making Wildflower Meadows. London 2003

LEWIS, PAM Sticky Wicket. London 2005

LLOYD, CHRISTOPHER Wiesen. Stuttgart 2005

MACHIELS, LAWRENCE Präriegärten. Stuttgart 2010

OUDOLF, PIET Planting Design. Gardens in Time and Space. London 2005

OUDOLF, PIET Meine Lieblingspflanzen. Neue Gartenpflanzen und ihre Verwendung. München 2005

OUDOLF, PIET Neues Gartendesign mit Stauden und Gräsern. Stuttgart 2007

ROBINSON, WILLIAM / DARKE, RICK (HRG.) The Wild Garden Expanded Edition. Portland 2009

THOMPSON, KEN No Nettles Required. The Truth about Wildlife Gardening. London 2006

WHITEFIELD, PATRICK Das große Handbuch Waldgarten. 3. Auflage Kevelaer 2011

WITT, REINHARD Wildgärten. München 1995

WITT, REINHARD Nachhaltige Pflanzungen und Ansaaten. Ottenhofen 2006

WITT, REINHARD Naturnahe Rosen. Ottenhofen 2010

IMPRESSUM

Die Autorin, die Fotografen und der Verlag danken den Gartenbesitzern, Gartendesignern, Landschaftsarchitekten und Herstellern, die durch ihre großartigen Projekte, ihre freundliche Mithilfe und Unterstützung zum Gelingen dieses Buches beigetragen haben.
Für die unermüdlichen Bemühungen um die außerordentliche Qualität dieses Buches danken wir als Verlag unseren Mitarbeitern Johanna Hänichen, Anne Krause, Ellen Schlüter, Katerina Loos, Ulla Hannecke und Claudia Volk.

Originalausgabe Becker Joest Volk Verlag

1. Auflage September 2013

ISBN 978-3-938100-95-0

TEXT Alexandra Rigos
FOTOS Jürgen Becker, Marianne Majerus
PROJEKTLEITUNG, BILDREDAKTION Johanna Hänichen
KONZEPT, TYPOGRAFISCHE GESTALTUNG Dipl.-Des. Anne Krause nach der Konzeption von Dipl.-Des. Justyna Krzyzanowska, Makro Chroma Joest & Volk OHG, Werbeagentur, Hilden
SATZ, BILDBEARBEITUNG, LITHOGRAFIE, LEKTORAT Makro Chroma Joest & Volk OHG, Werbeagentur, Hilden
DRUCK Firmengruppe APPL, aprinta druck GmbH, Wemding, Deutschland